Reformation 1517–2017

Dialog der Kirchen

Veröffentlichungen des Ökumenischen Arbeitskreises
evangelischer und katholischer Theologen
begonnen unter dem Protektorat von
Bischof Hermann Kunst † und Hermann Kardinal Volk †,
gegenwärtig fortgeführt unter
Karl Kardinal Lehmann und Bischof Martin Hein

Band 16

Reformation 1517–2017

Herder · Freiburg im Breisgau
Vandenhoeck & Ruprecht Göttingen

Reformation 1517–2017

Ökumenische Perspektiven

Für den Ökumenischen Arbeitskreis
evangelischer und katholischer Theologen
herausgegeben von
Dorothea Sattler und Volker Leppin

Herder · Freiburg im Breisgau
Vandenhoeck & Ruprecht Göttingen

MIX
Papier aus verantwor-
tungsvollen Quellen
FSC
www.fsc.org
FSC® C106847

© Verlag Herder GmbH, Freiburg im Breisgau 2014
Alle Rechte vorbehalten
www.herder.de

Umschlagmotiv: Inkrustierte Rosette
(Kalkstein mit Porphyr) aus St. Pantaleon, Köln
Satz: Christoph Spill, Münster
Herstellung: fgb · freiburger graphische betriebe
www.fgb.de

Printed in Germany

ISBN 978-3-451-34745-0 (Verlag Herder)
ISBN 978-3-525-57038-8 (Vandenhoeck & Ruprecht)

Inhalt

Vorwort 8

Einführung der Herausgeber 10
1. Entstehungskontexte des Vorhabens des Ökumenischen Arbeitskreises 10
2. Die Geschichte des Projekts 12
3. Einordnung in Grundanliegen des Ökumenischen Arbeitskreises 14
4. Theologisches Profil der vorliegenden Studie 19

Editors' Introduction 22
1. Formative contexts of the Ecumenical Study Group's undertaking 22
2. Project history 24
3. Positioning in fundamental concerns of the Ecumenical Study Group 25
4. Theological profile of the present study 30

Reformation 1517–2017 Ökumenische Perspektiven 33
    Vorbemerkung 33
1. Begriffe 34
2. Historische Perspektiven 36
2.1   Voraussetzungen im späten Mittelalter 36
2.2   Der Verlauf der Reformation 40
2.3   Das Bemühen um Einigung 46
2.4   Die Entstehung der neuzeitlichen Konfessionskirchen 48
3. Systematische Perspektiven 51
3.1   Reformation als theologische Kategorie 51
3.2   Die Attribute der Kirche als Kriterien ihrer Erneuerung .. 52
3.3   Ecclesia est semper reformanda et purificanda ("Die Kirche muss immer reformiert und gereinigt werden") 54
3.4   Konfessionelle Spezifika und Konvergenzen 56
4. Ökumenische Herausforderungen 59
4.1   Wahrnehmungen 59
4.1.1   Konfessionelle Pluralität 59
4.1.2   Offene Fragen 61
4.2   Lerngeschichten 63

4.2.1	Aufnahme reformatorischer Einsichten in der Römisch-katholischen Kirche	63
4.2.2	In den evangelischen Kirchen rezipierte römisch-katholische Einsichten	65
4.2.3	Offene Fragen	66
4.3	Konkretisierungen in der ökumenischen Praxis auf Zukunft hin	68
4.3.1	Aufnahme gemeinsamer Herausforderungen in der Gesellschaft heute	68
4.3.2	Fortführung der ökumenischen Dialoge	70
4.4	Ökumenische Herausforderungen im Blick auf 2017	71

Reformation 1517–2017 Ecumenical Perspectives		75
	Preamble	75
1.	Terminology	76
2.	Historical Perspectives	78
2.1	Preconditions in the late Middle Ages	78
2.2	The course of the Reformation	82
2.3	The efforts to reach agreement	87
2.4	The emergence of the modern confessional churches	89
3.	Systematic perspectives	92
3.1	Reformation as a theological category	92
3.2	The attributes of the Church as the criteria for its renewal	93
3.3	Ecclesia est semper reformanda et purificanda ("The Church must always be reformed and purified")	95
3.4	Denominational specifics and convergences	96
4.	Ecumenical challenges	99
4.1	Perceptions	99
4.1.1	Denominational plurality	99
4.1.2	Open questions	101
4.2	Learning stories	103
4.2.1	Acceptance of Reformation insights in the Roman Catholic Church	103
4.2.2	Acceptance of Roman Catholic insights in the Protestant churches	105
4.2.3	Open questions	106
4.3	Concretisations for future ecumenical practice	108
4.3.1	Meeting common challenges in society today	108
4.3.2	Continuation of the ecumenical dialogues	110
4.4	Ecumenical challenges with regard to 2017	111

Inhalt

Literaturverzeichnis 114

Ökumenischer Arbeitskreis evangelischer und katholischer
Theologen 117

Vorwort

In dieser Studie mit dem Titel „Reformation 1517–2017 Ökumenische Perspektiven" legt der Ökumenische Arbeitskreis evangelischer und katholischer Theologen (ÖAK) das Ergebnis seiner Bemühungen um diese Thematik in den Jahren 2009 bis 2014 vor. Die Studie wurde im April 2014 von den Mitgliedern des ÖAK einstimmig angenommen.

Angesichts der bereits über Jahrzehnte hin andauernden Bezüge der ökumenischen Studien des ÖAK zum Reformationszeitalter erschien es uns angeraten, in einer längeren Einführung die Genese, die Kontexte und die Ziele der vorliegenden Studie zu beschreiben. Viele Mitglieder sind an unterschiedlichen Stellen in die komplexen Vorgänge zur Vorbereitung des Jahres 2017 eingebunden. Mehr als in anderen Zusammenhängen erscheint es bei diesem Projekt daher erforderlich, über den eigenen Standort in der Betrachtung einer theologischen Thematik nachzudenken. Den Inhalt der Einführung verantworten wir in der wissenschaftlichen Leitung des ÖAK. Wie auch bei den vorausgehenden Projekten haben wir durch die bischöflichen Vorsitzenden des ÖAK, Landesbischof Martin Hein (Evangelische Kirche von Kurhessen-Waldeck) und Karl Kardinal Lehmann (Bistum Mainz) eine sehr große Unterstützung und Ermutigung in geistlicher, fachlicher und finanzieller Hinsicht erfahren.

Erstmals wird eine Studie des ÖAK hier in einem Buch zweisprachig deutsch und englisch veröffentlicht. Ein solches Vorgehen erschien uns angeraten, da eine internationale Rezeption ökumenischer Gesprächsereignisse inzwischen nur erwartet werden kann, wenn die Ergebnisse auch in englischer Sprache vorliegen. Wir danken an dieser Stelle Neville Williamson (Dokument) und Karl-Erich Brink (Einführung der Herausgeber) für ihre sehr sorgfältigen Übersetzungen in die englische Sprache. Die Druckvorlage erstellte André Hille, Münster.

Die Tätigkeit der wissenschaftlichen Leitung wird durch die intensive Protokollführung bei den Jahrestagungen des ÖAK hilfreich unterstützt. Wir danken daher auf evangelischer Seite Dr. Susanne Schuster und auf römisch-katholischer Seite Markus Zingel (bis 2013) und Christina Mentemeier, geborene Meier (ab 2014) für diese zeitaufwendigen Dienste.

Vorwort

Die evangelische Leseordnung schlägt für den heutigen Tag Verse aus dem Buch des Propheten Sacharja vor: „Das sind die Dinge, die ihr tun sollt: Sagt untereinander die Wahrheit! Fällt an euren Stadttoren Urteile, die der Wahrheit entsprechen und dem Frieden dienen!" (Sach 8,16).

Tübingen und Münster, am 6. August 2014, dem Fest der Verklärung des Herrn Jesus Christus

Volker Leppin und *Dorothea Sattler*

Einführung der Herausgeber

Mit diesem Band legt der Ökumenische Arbeitskreis evangelischer und katholischer Theologinnen und Theologen (ÖAK) seine Studie „Reformation 1517–2017 Ökumenische Perspektiven" vor. Sie ist aus einer mehrjährigen Arbeit erwachsen, deren Bedingungen und Vorgeschichte im Folgenden als Hilfestellung zur Lektüre erläutert werden sollen. Jede ökumenisch-theologische Studie entsteht in einem bestimmten Kontext (Abschnitt 1), sie hat eine konkrete Geschichte in der Planung und der Realisierung (Abschnitt 2), sie hat Hintergründe in vorausgegangenen eigenen Bemühungen (Abschnitt 3) sowie ein spezifisches Profil im Vergleich zu anderen Beiträgen zu der gewählten Thematik (Abschnitt 4).

1. Entstehungskontexte des Vorhabens des Ökumenischen Arbeitskreises

In der jüngeren Vergangenheit hat der Ökumenische Rat der Kirchen (ÖRK) Dekaden ausgerufen: von 1988 bis 1998 die Dekade zur Solidarität der Kirchen mit den Frauen und von 2001 bis 2010 die Dekade zur Überwindung von Gewalt ausgerufen. So soll über zehn Jahre hinweg eine vordringlich wichtige Fragestellung auf der Tagesordnung von Institutionen und Einzelpersönlichkeiten stehen. Dieses Mittels hat sich nun auch die Evangelische Kirche in Deutschland (EKD) bedient und zur Vorbereitung auf das Jahr 2017 eine Dekade initiiert, in welcher das Ereignis der Reformation von 2008 an bis 2017 Jahr für Jahr unter einem wechselnden Schwerpunkt betrachtet wird: Kulturgeschichtlich relevante Aspekte wie Bildung, Politik, Bild und Musik sind ebenso vorgeschlagene Jahresthemen wie Toleranz, Freiheit, Weltverantwortung, Bibel und Bekenntnis. Dekaden konzentrieren die Aufmerksamkeit für eine lange Zeit. Sie bieten die Möglichkeit, sich mit einem differenzierten Blick auf einen Sachbereich in ein offenes Gespräch einzubringen. Dekaden nehmen Themen auf, deren Reflexion nach zehn Jahren nicht an ein Ende gekommen ist.

Die Studie des ÖAK zur Reformation unter ökumenischer Perspektive erscheint geraume Zeit vor dem Ende der Reformationsdekade im Jahr 2017. Die anfänglichen Debatten um die Frage, ob es angemessen sei, das Gedenken der Reformation vor allem oder gar allein mit dem Namen Martin Luther zu verbinden, liegen heute bereits weit zurück. Die komplexen Vorgänge der Reformation sind untrennbar mit seiner Person verbunden – so werden in den kommenden Jahren unweigerlich die Person mit dem Gesamtgeschehen und das Gesamtgeschehen mit der Person im Blick sein. Für einen ökumenischen Zugang ist es von besonderer Bedeutung, dass in den vergangenen Jahrzehnten, verbunden mit Namen wie Bernd Moeller und Heiko Augustinus Oberman, die Erforschung der Vorgeschichte der Reformation an Bedeutung gewonnen hat. Eine sorgsame Einordnung vor diesem Hintergrund ermöglicht es, die von Wittenberg und Zürich ausgehenden Geschehnisse auch dann in ihrer Eigenart zu würdigen, wenn es an anderen Orten in Europa zu dieser Zeit – auch dort, wo bis heute die römisch-katholische Konfession in der Mehrheit ist – Ansätze zu Reformen in der Kirche gab, die mit den Anliegen der Reformation in Ansätzen vergleichbar sind.

Die evangelische Tradition präsentiert sich vom 16. Jahrhundert an als weit gefächert. Lutherische, reformierte, anglikanische, täuferische und andere freikirchliche Bekenntnisgemeinschaften feiern eigene Daten, mit denen sie ihren Ursprung als eigenständige Kirchen verbinden, gelegentlich spielen auch national unterschiedliche Entwicklungen – wie etwa im Fall der lutherischen Kirchen Skandinaviens – eine Rolle. Das Gedächtnis der Anfänge dient der Identitätsbildung in der Gegenwart. Die Person und das Wirken von Martin Luther erfahren dabei eine differenzierte, je nach konfessioneller Zugehörigkeit in unterschiedlichem Maße wertschätzende Achtung. Das Wirken von „Faith and Order" – der Bewegung für Glauben und Kirchenverfassung des Ökumenischen Rats der Kirchen – seit den 20er Jahren des 20. Jahrhunderts stellt zudem auch eine am evangelisch / römisch-katholischen Dialog orientierte Deutung der Geschehnisse im 16. Jahrhundert in den Horizont der multilateralen Ökumene.

Im Blick auf das Jahr 2017 liegt es nahe, an die vorausgegangenen Feiern in jenen Jahrhunderten zu denken, in denen bereits das Jahr 17 Anlass zum Gedenken war. In den wissenschaftlichen Beiträgen zu dieser Thematik wird hervorgehoben, wie stark diese Jubiläumsjahre der Reformation vom jeweiligen Zeitgeist bestimmt waren: 1617 kurz vor Beginn des 30jährigen Krieges, 1717 unter dem Vorzeichen der neuen Freiheit des Subjekts im Zeitalter der frühen Aufklärung, 1817 im Zusammenhang der Bemühungen um eine deutsche Nation und 1917 im nationalistisch aufgeladenen Horizont des Ersten Weltkriegs, zugleich aber durch den Berliner Theologen Karl Holl als Signal für ein betont theologisches Verständnis Martin Luthers. Vor diesen Hintergründen, die in der Reformationsforschung heute hohe Aufmerksamkeit erfahren, liegt die Frage nahe, wie eine spätere Geschichtsschreibung das Jahr 2017 deuten wird. Angesichts der Bedeutung, die die Ökumenische Bewegung im 20. Jahrhundert gewonnen hat, dürfte die Frage nach einem angemessenen Miteinander der Konfessionen zu einem entscheidenden Prüfstein werden. Zu einer Klärung dieser Perspektive kann auch die Studie des ÖAK einen Beitrag leisten.

2. Die Geschichte des Projekts

Der ÖAK hat sich sehr bald nach der Ausrufung der Reformationsdekade auf Anregung des Kontaktgesprächskreises der Evangelischen Kirche in Deutschland (EKD) und der Deutschen Bischofskonferenz (DBK) mit der Frage befasst, was angesichts der Geschichte und Zusammensetzung dieses ökumenischen Gremiums sein spezifischer Beitrag in einer wissenschaftlichen Studie zu dieser Thematik sein könnte. Nach ersten Sondierungen möglicher Vorhaben in einer Arbeitsgruppe (bestehend aus Hermann Barth, Volker Leppin, Vinzenz Pfnür, Wolfgang Thönissen und Gunther Wenz) zeichneten sich bereits im Herbst 2008 zwei Projekte ab, die auf der Grundlage der Ergebnisse der Arbeitsgruppe bei der Jahrestagung des ÖAK im Frühjahr 2009 mit Zustimmung bedacht wurden: (1.) eine ökumenische Kommentierung ausgewählter Schriften aus dem Reformationsjahrhundert, die im Auftrag des ÖAK von einzelnen Mitgliedern in Eigenverantwortung erarbeitet und von den wissenschaftlichen Leitern herausgegeben wird.[1] (2.) eine wissenschaftliche Studie des ÖAK zum theologischen Verständnis der Reformation, erarbeitet von den Mitgliedern des ÖAK unter einer möglichen Beteiligung von weiteren Kolleginnen und Kollegen mit einer besonderen Expertise in der Reformationsgeschichte. Ein abschließendes Ergebnis im Sinne dieser Beschlussfassung ist mit der vorliegenden Studie erreicht.

Von der Jahrestagung 2010 an bis zur Jahrestagung 2014 hat sich der ÖAK mit der Thematik Reformation in Gesprächen im Anschluss an Referate sowie durch die Beratung vorgelegter Textentwürfe be-

---

[1] Es steht in Aussicht, dass diese anvisierte ökumenische Kommentierung von Quellen aus dem Reformationszeitalter im Jahr 2015 erscheint. Die geplante Veröffentlichung vermittelt durch die Textauswahl einen Einblick in die lutherische, die reformierte sowie die römisch-katholische Bekenntnisbildung; sie berücksichtigt zudem einzelne Quellen des damaligen Humanismus ebenso wie die frühen inner-evangelischen und interkonfessionellen Religionsgespräche.

fasst. Dies geschah parallel zu zwei weiteren Projekten: dem Abschluss der Studie „Heil für alle?"[2] sowie den anhaltenden Beratungen zu der Frage, ob sich der ÖAK weiterhin bei der Vorbereitung von „In via-Erklärungen" im Hinblick auf den erreichten Stand der ökumenischen Dialoge im Themenbereich Eucharistie und Abendmahl und / oder hinsichtlich der Apostolizität des kirchlichen Amtes beteiligen möchte.

Von Beginn der Überlegungen an gab es einen Konsens im ÖAK, dass die zu konzipierende Studie eine ökumenisch verantwortete historische Rekonstruktion der Reformation enthalten sollte. Referate zu diesem Themenaspekt und Vorlagen für den Abschnitt 2 der vorliegenden Studie erarbeiteten als Gast im ÖAK Berndt Hamm, dessen Begriff der „normativen Zentrierung" auf Zustimmung traf, sowie (in alphabetischer Reihenfolge) die Mitglieder des ÖAK Franz-Xaver Bischof, Volker Leppin, Gerhard Müller und der inzwischen verstorbene römisch-katholische Reformationshistoriker Vinzenz Pfnür. Einblick in die Situierung des Projekts im internationalen wie im nationalen Kontext vermittelte ein Referat von Wolfgang Thönissen.

Notwendig erschien von Beginn an auch eine systematisch-theologische Reflexion der Ereignisse des 16. Jahrhunderts unter ekklesiologischer Perspektive. In diesem Themenbereich waren Michael Beintker und Peter Walter federführend bei Referaten und bei der Vorbereitung von Abschnitt 3 der vorliegenden Studie. In der letzten Phase der Beratungen erschien es hilfreich, die ökumenische Gegenwart stärker in den Blick zu nehmen. Im Vordergrund stand dabei die gemeinsame ökumenische Überzeugung von der stets der Reform bedürftigen Kirche, der „Ecclesia semper reformanda". Dieses Anliegen wurde durch Referate von Johanna Rahner sowie Myriam Wijlens aus römisch-katholischer Sicht sowie von dem mittlerweile aus dem ÖAK ausgeschiedenen damaligen Mitglied Christian Grethlein aus evangelischer Sicht vertieft und schließlich unter Berücksichtigung von weiteren Gesichtspunkten – unter anderem auch von Ulrich Körtner – von Hans-Peter Großhans und Dorothea Sattler in Abschnitt 4 der vorliegenden Studie aufgenommen. Der Schlussabschnitt wurde angesichts der vielen Aspekte, die es im Blick auf den Stand der Ökumene heute zu berücksichtigen gilt, in einem letzten Gesprächsgang thematisch um Grundfragen der ökumenischen Hermeneutik in der Gegenwart erweitert.

Der Text der gemeinsamen Studie mit dem Titel „Reformation 1517–2017 Ökumenische Perspektiven" wurde im Ökumenischen Ar-

---

[2] Vgl. Dorothea Sattler / Volker Leppin (Hg.), Heil für alle? Ökumenische Reflexionen, Freiburg / Göttingen 2012 (Dialog der Kirchen, Bd. 15).

beitskreis im Wortlaut beraten und bei der Sitzung in Tutzing am 10. April 2014 in der nun veröffentlichten Gestalt einstimmig und ohne Enthaltungen angenommen.

3. Einordnung in Grundanliegen des Ökumenischen Arbeitskreises

Die grundlegenden Fragen der Theologie, die angesichts der unterschiedlichen Antworten im 16. Jahrhundert den Prozess der Bildung eigenständiger Konfessionsgemeinschaften auslösten, begleiteten die Studienarbeiten des ÖAK seit seiner Gründung. Angesichts der ökumenischen Freundschaften, die sich in der Zeit der gemeinsamen Wendung gegen den Nationalsozialismus festigten, lag es in Deutschland nahe, ein Gremium zu begründen, das sehr gezielt den Kontroversen im Verständnis der Kirchen, ihrer Sakramente und ihrer Ämter nachgehen sollte. Der ÖAK begann seine Studienarbeit im Jahr 1946 in Paderborn unter Achtung der damaligen römisch-katholischen Richtlinien für interkonfessionelle Begegnungen. Noch im Juni 1948 hatte das Heilige Officium in seinem „Monitum ‚Cum compertum'"[3] an das damals geltende kirchliche Recht erinnert, das römisch-katholischen Wissenschaftlern eine eigene Initiative zu ökumenischen Begegnungen nicht erlaubte. Ende Dezember 1949 fanden ökumenische Bemühungen in der Instruktion des Heiligen Officiums „Ecclesia Catholica: De Motione ‚Oecumenica'"[4] zwar eine höhere Wertschätzung; es blieb jedoch dabei, dass sie nur in begrenzten Ausnahmesituationen mit expliziter Zustimmung der Bischöfe in den Ortskirchen stattfinden sollten. Die Mitglieder des ÖAK befanden sich daher in den ersten Jahren in Paderborn „geplant zufällig" am selben Ort zu Beratungen über dieselbe Thematik.[5] Im Vorfeld und im Umfeld des 2. Vatikanischen Konzils waren die Jahrestagungen des Ökumenischen Arbeitskreises von der Zuversicht geprägt, durch eine wissenschaftliche Betrachtung der verbliebenen

---

[3] SS. Congregatio S. Officii, Monitum „Cum compertum" vom 5. Juni 1948, in: Acta Apostocicae Sedis (AAS) 40 (1948) 257.
[4] SS. Congregatio S. Officii, Instructio "Ecclesia Catholica: De Motione „Oecumenica" vom 20. Dezember 1949, in: AAS 42 (1950) 142–147.
[5] Vgl. zur frühen Geschichte des ÖAK: Barbara Schwahn, Der ökumenische Arbeitskreis evangelischer und katholischer Theologen von 1946 bis 1975, Göttingen 1996 (Forschungen zur systematischen und ökumenischen Theologie 74). Vgl. zur Geschichte des ÖAK auch: Stephan Henrich, Der Ökumenische Arbeitskreis evangelischer und katholischer Theologen (Dokumentation), in: Kerygma und Dogma 35 (1989) 258–295; Eduard Lohse, 50 Jahre Arbeitskreis evangelischer und katholischer Theologen, in: Kerygma und Dogma 42 (1996) 177–185; Ulrich Ruh, Theologie: 50 Jahre Ökumenischer Arbeitskreis, in: Herder Korrespondenz 50 (1996) 230–232.

Streitfragen bald die sichtbare Einheit der Kirchen begründen zu können. Namhafte Theologen mit lutherischer und römisch-katholischer Konfessionszugehörigkeit stellten ihre Gedankenkraft so in den Dienst der Ökumene – unter ihnen Hermann Volk, Karl Rahner, Karl Lehmann, Joseph Ratzinger, Walter Kasper und Theodor Schneider auf römisch-katholischer Seite sowie Edmund Schlink, Peter Brunner, Eduard Lohse, Wolfhart Pannenberg, Eberhard Jüngel und Gunther Wenz auf evangelischer Seite. Bis heute versteht der ÖAK sein Tun in wissenschaftlicher Eigenständigkeit. Die bischöflichen Vorsitzenden und die wissenschaftliche Leitung tragen Sorge für den Zusammenhang zwischen dem christlichen Glaubensleben und seiner wissenschaftlichen theologischen Reflexion.

In der Reihe „Dialog der Kirchen" (in Kooperation der Verlage Herder und Vandenhoeck & Ruprecht) sind zusammen mit der vorliegenden Studie bisher 16 Bände erschienen.[6] Einzelne Bände sind in Über-

---

[6] Vgl. Karl Lehmann / Wolfhart Pannenberg (Hg.) Glaubensbekenntnis und Kirchengemeinschaft. Das Modell des Konzils von Konstantinopel (381), Freiburg / Göttingen 1982 (Dialog der Kirchen, Bd. 1); Karl Lehmann / Edmund Schlink (Hg.), Evangelium – Sakramente – Amt und die Einheit der Kirche. Die ökumenische Tragweite der Confessio Augustana, Freiburg / Göttingen 1982 (Dialog der Kirchen, Bd. 2); Karl Lehmann / Edmund Schlink (Hg.), Das Opfer Jesu Christi und seine Gegenwart in der Kirche. Klärungen zum Opfercharakter des Herrenmahles, Freiburg / Göttingen 1983 (Dialog der Kirchen, Bd. 3); Karl Lehmann / Wolfhart Pannenberg (Hg.), Lehrverurteilungen – kirchentrennend?, I: Rechtfertigung, Sakramente und Amt im Zeitalter der Reformation und heute, Freiburg / Göttingen 1986 (Dialog der Kirchen, Bd. 4); Karl Lehmann (Hg.), Lehrverurteilungen – kirchentrennend?, II: Materialien zu den Lehrverurteilungen und zur Theologie der Rechtfertigung, Freiburg / Göttingen 1989 (Dialog der Kirchen, Bd. 5); Wolfhart Pannenberg (Hg.), Lehrverurteilungen – kirchentrennend?, III: Materialien zur Lehre von den Sakramenten und zum kirchlichen Amt, Freiburg / Göttingen 1990 (Dialog der Kirchen, Bd. 6); Wolfhart Pannenberg / Theodor Schneider (Hg.), Verbindliches Zeugnis, I: Kanon – Schrift – Tradition, Freiburg / Göttingen 1992 (Dialog der Kirchen, Bd. 7); Wolfhart Pannenberg / Theodor Schneider (Hg.), Lehrverurteilungen – kirchentrennend, IV: Antworten auf kirchliche Stellungnahmen, Freiburg / Göttingen 1994 (Dialog der Kirchen, Bd. 8); Wolfhart Pannenberg / Theodor Schneider (Hg.), Verbindliches Zeugnis, II: Schriftauslegung – Lehramt – Rezeption, Freiburg / Göttingen 1995 (Dialog der Kirchen, Bd. 9); Theodor Schneider / Wolfhart Pannenberg (Hg.), Verbindliches Zeugnis, III: Schriftverständnis und Schriftgebrauch, Freiburg / Göttingen 1998 (Dialog der Kirchen, Bd. 10); Theodor Schneider / Gunther Wenz (Hg.), Gerecht und Sünder zugleich? Ökumenische Klärungen, Freiburg / Göttingen 2001 (Dialog der Kirchen, Bd. 11); Theodor Schneider / Gunther Wenz (Hg.), Das kirchliche Amt in apostolischer Nachfolge, I: Grundlagen und Grundfragen, Freiburg / Göttingen 2004 (Dialog der Kirchen, Bd. 12); Dorothea Sattler / Gunther Wenz (Hg.), Das kirchliche Amt in apostolischer Nachfolge, II: Ursprünge und Wandlungen, Freiburg / Göttingen 2006 (Dialog der Kirchen, Bd. 13); Dorothea Sattler / Gunther Wenz (Hg.), Das kirchliche Amt in apostolischer Nachfolge, III: Verständigungen und Differenzen, Freiburg / Göttingen 2008 (Dialog der Kirchen, Bd. 14); Dorothea Sattler / Volker Leppin (Hg.), Heil für alle? (s. Anm. 2).

setzungen erschienen.[7] Wer diese Studien überblickt, wird feststellen, dass die Kontroversen des 16. Jahrhunderts der stetige Bezugspunkt aller Bemühungen im ÖAK war. In dieser Tradition ist auch die vorliegende Veröffentlichung zu verstehen. Einzelne kontroverse Fragen wie die nach dem Opfercharakter der Eucharistie bzw. des Abendmahls[8], nach der Bedeutung der Rede vom Menschen als „simul iustus et peccator"[9] (der Mensch – gerechtfertigt und Sünder zugleich) und nach dem kirchlichen Amt in apostolischer Nachfolge[10] nehmen Einzelfragen der Kontroversen im 16. Jahrhundert auf. Grundfragen der ökumenischen Hermeneutik sind in einer mehrbändigen Studie unter dem Titel „Verbindliches Zeugnis"[11] bedacht worden.

Von besonderer Bedeutung für die Geschichte der Ökumene zwischen der Römisch-katholischen Kirche und den Kirchen, die aus der Reformation hervorgegangen sind, ist die Studie „Lehrverurteilungen – kirchentrennend?"[12], die der ÖAK 1986 veröffentlichte. Im Anschluss an den Besuch von Johannes Paul II. 1980 in Deutschland hat die damals eingerichtete „Gemeinsame Ökumenische Kommission" (GÖK) den ÖAK beauftragt, in einer wissenschaftlichen Studie der Frage nachzugehen, ob die im 16. Jahrhundert ausgesprochenen Lehrverurteilungen in den Themenbereichen Rechtfertigung, Sakramente und Amt aus gegenwärtiger theologischer Perspektive den heutigen Partner noch treffen und noch von kirchentrennender Wirksamkeit sind.[13] Da die ökumenischen Beratungen über diese Fragestellung nicht ohne eine Berücksichtigung der reformierten Theologie im 16.

---

[7] Vgl. Karl Lehmann / Wolfhart Pannenberg (Ed.), Les anathèmes du XVIe siècle – sont-ils encore actuels? Propositions soumises aux Églises, Paris 1989; Karl Lehmann / Wolfhart Pannenberg (Ed.), Condemnations of the Reformation Era: Do they still divide?, Minneapolis 1990; Theodor Schneider / Wolfhart Pannenberg (Ed.), Binding Testimony. Holy Scripture and Tradition, Frankfurt (New York; Oxford etc.) 2014.
[8] Vgl. Karl Lehmann / Edmund Schlink (Hg.), Das Opfer Jesu Christi und seine Gegenwart in der Kirche (s. Anm. 6).
[9] Vgl. Theodor Schneider / Gunther Wenz (Hg.), Gerecht und Sünder zugleich? (s. Anm. 6).
[10] Vgl. Theodor Schneider / Gunther Wenz (Hg.), Das kirchliche Amt in apostolischer Nachfolge, I (s. Anm. 6); Dorothea Sattler / Gunther Wenz (Hg.), Das kirchliche Amt in apostolischer Nachfolge, II (s. Anm. 6); Dorothea Sattler / Gunther Wenz (Hg.), Das kirchliche Amt in apostolischer Nachfolge, III (s. Anm. 6).
[11] Vgl. Wolfhart Pannenberg / Theodor Schneider (Hg.), Verbindliches Zeugnis, I (s. Anm. 6); Wolfhart Pannenberg / Theodor Schneider (Hg.), Verbindliches Zeugnis, II (s. Anm. 6); Theodor Schneider / Wolfhart Pannenberg (Hg.), Verbindliches Zeugnis, III (s. Anm. 6).
[12] Vgl. Karl Lehmann / Wolfhart Pannenberg (Hg.), Lehrverurteilungen – kirchentrennend?, I (s. Anm. 6).
[13] Vgl. die Dokumentation des Schriftverkehrs bezüglich eines vom ÖAK damals erstmals angenommenen und bis heute einzigartig gebliebenen kirchenamtlichen Auftrags in: ebd., 177-196.

Jahrhundert und in der Folgezeit sinnvoll waren, wurde der ÖAK um Theologen mit dieser konfessionellen Zugehörigkeit erweitert – diese Zusammensetzung ist bis heute konstitutiv. Das durch intensive Studienarbeiten errungene Ergebnis war: Aus der Perspektive der Theologie der Gegenwart heraus lassen sich die im 16. Jahrhundert vorgenommenen Lehrverurteilungen nicht mehr als „kirchentrennend" qualifizieren, da es heute einen differenzierteren Einblick in die damaligen Kontexte der konfessionellen Argumentationen gibt, zu diesen Themen in ökumenischer Offenheit inzwischen weitere Überlegungen angestellt wurden und die noch immer verbliebenen Unterschiede in den kirchlichen Lehren nicht „kirchentrennend" wirken müssen.[14] In Deutschland haben sich die Synoden vieler evangelischer Landeskirchen, konfessionelle Gremien innerhalb der EKD sowie die DBK mit den Ergebnissen der Studie „Lehrverurteilungen – kirchentrennend?" befasst.[15] Die entsprechenden Stellungnahmen haben eine theologische Antwort des ÖAK erfahren.

Im Blick auf die Frage der „Rechtfertigung" des Menschen als Sünderin und Sünder allein aufgrund der Gnade Gottes haben die Vorarbeiten des ÖAK, zu denen vor allem Otto Hermann Pesch, Erwin Iserloh und Bernhard Lohse wichtige Beiträge leisteten, in Verbundenheit mit weiteren Studien im internationalen Kontext[16] dazu bei-

---

[14] In ihrem Schlussbericht hielt die unter dem Vorsitz der Bischöfe Eduard Lohse (1981-1985) und Paul-Werner Scheele (1982-1985; zuvor 1981-1982 unter dem Vorsitz von Erzbischof Joseph Kardinal Ratzinger) tätige „Gemeinsame Ökumenische Kommission" fest: „Eine Reihe von Verwerfungsaussagen beruhten auf Missverständnissen der Gegenposition. Andere treffen Lehre und Praxis des heutigen Partners nicht mehr. Bei wieder anderen haben neue Sacheinsichten zu einem hohen Maß an Verständigung geführt. Bei einigen Verwerfungsaussagen allerdings lässt sich auch heute noch kein Konsens feststellen. (...) Wir können uns über die damals ausgesprochenen Verwerfungen nicht hinwegsetzen. Sie behalten die Bedeutung von heilsamen Warnungen in doppelter Weise: Innerhalb der eigenen Überlieferung warnen sie davor, hinter die im 16. Jahrhundert erreichten Klärungen zurückzufallen. Die Angehörigen der jeweils anderen Bekenntnisses warnen sie davor, ihre eigene Überlieferung so zu verstehen und auszusprechen, dass die Gegensätze, die durch die jüngere theologische Entwicklung überwindbar geworden sind, erneut in alter Schärfe aufbrechen. (...) Wenn die Verwerfungsaussagen der Reformationszeit ihre kirchentrennende Wirkung verlieren, sind damit nicht schon alle Bedingungen für die volle Kirchengemeinschaft gegeben, aber der Weg zu Verhandlungen darüber wird frei" (Schlussbericht der Gemeinsamen Ökumenischen Kommission zur Überprüfung der Verwerfungen des 16. Jahrhunderts, in: ebd., 187-196, hier 189).
[15] Vgl. Lehrverurteilungen im Gespräch. Die ersten offiziellen Stellungnahmen aus den evangelischen Kirchen in Deutschland, Göttingen 1993; Stellungnahme der Deutschen Bischofskonferenz zur Studie „Lehrverurteilungen - kirchentrennend?" (21. Juni 1994), Bonn 1994 (Reihe „Die Deutschen Bischöfe", Heft 52).
[16] Vgl. vor allem die im bilateralen Dialog in den USA entstandene Studie: Justification by Faith. Lutherans and Catholics in Dialogue, vol. VII, Minneapolis 1985; deutsche Übersetzung: Rechtfertigung durch den Glauben. Lutherisch / Römisch-katholischer

getragen, dass am 31. Oktober 1999 die „Gemeinsame Erklärung zur Rechtfertigungslehre"[17] in Verantwortung des Lutherischen Weltbunds und des Päpstliches Rates zur Förderung der Einheit der Christen in Augsburg unterzeichnet werden konnte.[18]

Mittlerweile hat der ÖAK mit der Studie „Heil für alle?"[19] einen weiteren Schritt in die Richtung einer ökumenischen Hermeneutik getan. Hier werden nicht allein rückblickend auf die alten Zeiten wissenschaftlich begründete Differenzierungen in der Bewertung der Vorgänge vorgenommen, es erscheint vielmehr auch wichtig, die christliche Botschaft von Gottes Heilswillen für die gesamte Schöpfung auf der Grundlage der biblischen Schriften in einem religionsgeschichtlichen Kontext auf Gegenwart und Zukunft hin gemeinsam argumentativ zu begründen. Die mit dieser letzten, der gegenwärtigen Studie unmittelbar vorausgehenden Veröffentlichung verbundene Veränderung der Zielsetzung ökumenischer Forschungen muss jedoch nicht unter dem Aspekt eines grundlegenden Paradigmenwechsels im Sinne einer heute scheinbar gebotenen strikten Alternative betrachtet werden. Gerade ausgehend von einer kontroverstheologischen Betrachtung der ökumenischen Themen kann der Weg zu einer gemeinsamen christlichen Verantwortung der Verkündigung des Evangeliums führen. Insbesondere im Blick auf das 16. Jahrhundert bietet es sich an, theologische Streitfragen in Einzelthemen und grundlegende Überlegungen zur bleibenden Bedeutung des Christseins in ihrer wesentlichen Verbundenheit miteinander zu betrachten. Damals wie heute war die Sorge um die der Heiligen Schrift gemäße Verkündigung des Evangeliums und die der göttlichen Stiftung entsprechende Feier der Sakramente der Anlass des konfessionellen Streits. Freude an diesem Streit hatte keine der damals noch als „Religionsparteien" bezeichneten Interpretationsgemeinschaften der einen christlichen Tradition.

Dialog in den USA, in: Harding Meyer / Günter Gassmann (Hg.), Rechtfertigung im ökumenischen Dialog. Dokumente und Einführung, Frankfurt 1987, 107-200 (Ökumenische Perspektiven, Bd. 12).

[17] Vgl. Gemeinsame Erklärung zur Rechtfertigungslehre des Lutherischen Weltbunds und der Katholischen Kirche, in: Meyer, Harding u.a. (Hrsg.), Dokumente wachsender Übereinstimmung, Bd. 3, Frankfurt / Paderborn 2003, 419-441.

[18] Vgl. Friedrich Hauschildt u.a. (Hg.), Die Gemeinsame Erklärung zur Rechtfertigungslehre. Dokumentation des Entstehungs- und Rezeptionsprozesses, Göttingen 2009.

[19] Vgl. Dorothea Sattler / Volker Leppin (Hg.), Heil für alle? (s. Anm. 2).

4. Theologisches Profil der vorliegenden Studie

Die vorliegende Studie weiß sich der Methodik ökumenischer Dialogarbeit verpflichtet, auch wenn bei ihr nicht eine ausgewählte Einzelthematik Gegenstand der Beratungen im ÖAK war. Jeder Abschnitt der Studie ist in ökumenischer Zusammenarbeit von Personen mit unterschiedlicher christlicher Konfession entstanden. Diese Methodik führt vor Augen, dass ein gemeinsamer ökumenischer Blick auf ein Ereignis oder eine Thematik einen Erkenntnisgewinn bewirken kann: In der historischen Rekonstruktion der Identität einer Gemeinschaft irritiert es heilsam, wenn andere Erzählungen hinzugefügt werden, die aus einer anderen Perspektive formuliert sind. Der ÖAK hält somit – auch im Wissen um die Gegenrede – an der Notwendigkeit der ökumenischen Dialoge fest, deren Ziel es ist, um alles zu wissen und über alles zu sprechen, was zur Identität des konfessionellen Gegenübers gehört, um am Ende eines Prozesses des Hörens und des Verstehens gemeinsam sagen zu können, was den Positionen eigen und was ihnen gemeinsam ist. Nicht wenige der in den ökumenischen Dialogen erfahrenen Theologinnen und Theologen halten es daher für sinnvoll, die Anstrengungen in der gegenwärtigen Ökumene zu verstärken, die bereits einzufahrende Ernte der ökumenischen Dialoge mit Wertschätzung als den fruchtbaren Boden für alle weiteren Bemühungen zu betrachten.[20] Im Blick auf die „Gemeinsame Erklärung zur Rechtfertigungslehre"[21] hat sich diese Methodik bewährt. Auf internationaler Ebene ist - ebenfalls im lutherisch / römisch-katholischen Gespräch - im Kontext der Vorbereitungen auf Jahr 2017 ein wichtiges Dokument mit dem Titel „Vom Konflikt zur Gemeinschaft"[22] entstanden, in dem die Persönlichkeit von Martin Luther und die bereits erreichten Ergebnisse der ökumenischen Dialoge ebenso Berücksichtigung finden wie Grundsätze der ökumenischen Hermeneutik heute. Als ein hilfreiches Kompendium erzielter Konsense sowie als eine Erklärung der Bereitschaft zur Fort-

---

[20] Vgl. Walter Kasper, Die Früchte ernten. Grundlagen christlichen Glaubens im ökumenischen Dialog, Leipzig / Paderborn 2011; englisches Original: ders., Harvesting the Fruits. Basic Aspects of Christian Faith in Ecumenical Dialogue, London / New York 2009.
[21] Vgl. Gemeinsame Erklärung zur Rechtfertigungslehre des Lutherischen Weltbunds und der Katholischen Kirche (s. Anm. 17).
[22] Vgl. Theo Dieter / Wolfgang Thönissen (Hg.), Vom Konflikt zur Gemeinschaft. Gemeinsames lutherisch-katholisches Reformationsgedenken im Jahr 2017. Bericht der Lutherisch / Römisch-katholischen Kommission für die Einheit, Leipzig / Paderborn 2013; englisches Orginal: From Conflict to Communion. Lutheran-Catholic Common Commemoration of the Reformation in 2017, Leipzig / Paderborn 2013.

setzung der Dialoge ist diese internationale lutherisch / römisch-katholische Studie von nachhaltiger Wichtigkeit.

Der Aufruf zu einer Reform aller christlichen Konfessionen zu einem Leben im Sinne des einen gemeinsamen christlichen Evangeliums verbindet die ökumenischen Worte zum Gedenken der Reformation im Jahr 2017 auf nationaler wie auf internationaler Ebene. Vorschläge für eine mögliche ökumenische Gestaltung des Jahres 2017 zu machen, ist nicht ein primäres Anliegen dieser Studie des ÖAK. Diesbezüglich haben die EKD und die DBK auf Empfehlung des Kontaktgesprächskreises inzwischen eine eigene Arbeitsgruppe eingerichtet, die unter dem Leitgedanken der „Heilung der Erinnerungen" – „Healing of memories" – eine in der historischen Forschung begründete und im Blick auf die Frage der Identitätsbildung von Konfessionen wissenssoziologisch fundierte Grundlage für ein möglichst in ökumenischer Verbundenheit geschehendes, gemeinsames Gedenken der Reformation – gegebenenfalls auch in entsprechenden rituellen Zeichenhandlungen – erarbeitet. Im nationalen wie im internationalen Raum gibt es weitere Perspektiven, wie es 2017 gelingen kann, der Reformation unter ökumenischen Vorzeichen zu gedenken. Dabei zeichnet sich ab, dass es einen Unterschied macht, ob einzelne Konfessionen sich der Aufgabe stellen, im Sinne der Selbstvergewisserung ihren theologischen Standort zu bestimmen, wie dies beispielsweise in der Schrift „Rechtfertigung und Freiheit"[23], erarbeitet von einer Kommission der EKD, geschieht, oder ob ein Gremium unter aktiver Teilhabe von Angehörigen der jeweiligen Konfession sich um eine gemeinsame Situationsbestimmung bemüht. Beide Vorgänge haben eine ökumenische Bedeutung: Sie werden vor allem auch im Hinblick auf die Frage rezipiert, welches Verständnis der zu suchenden „Einheit" der Kirchen angesichts der gewordenen Vielfalt der Konfessionen in der Argumentation implizit gegeben ist. Die Tatsache, dass in der gegenwärtigen Zusammensetzung des ÖAK die Zahl der Theologen und Theologinnen gewachsen ist, die die Pluralität der Kirchen eher als Anlass zur Wertschätzung denn als Grund zur Besorgnis wahrnehmen, ist in der vorliegenden Studie unverkennbar. Unterschiede in der Bestimmung der Zielsetzung der Ökumene haben Auswirkungen auf die Wahl von Themen und Methoden – dies gilt auch für den ÖAK. In dieser Situation bleibt es wichtig, die Positionen zu bestimmen, das wechselseitige Verstehen zu sichern, Perspektiven miteinander zu entwickeln und in all dem den Respekt voreinander zu wahren.

---

[23] Rechtfertigung und Freiheit. 500 Jahre Reformation 2017. Ein Grundlagentext der Evangelischen Kirche in Deutschland, Gütersloh 2014.

Einführung der Herausgeber

Der ÖAK trägt im Konzert der vielen Meinungen zum Gedenkjahr 2017 etwas bei, was an anderen Orten in dieser Form nicht geschieht: eine Zusammenschau der historischen Rekonstruktion der Ereignisse im 16. Jahrhundert in Verbindung mit grundlegenden Fragen des Kirchenverständnisses unter dem leitenden Gesichtspunkt der Reformbedürftigkeit sowie der Reformfähigkeit aller Kirchen. Im Blick auf diese ekklesiologische Grundaussage besteht im ÖAK Konsens. Sie bildet die Grundlage für weitere wissenschaftliche Studien im Horizont der gegenwärtigen Herausforderungen der Ökumene.

Volker Leppin / Dorothea Sattler

Editors' Introduction

With this volume, the "Ecumenical Study Group of Protestant and Catholic Theologians" (ÖAK - Ökumenische Arbeitskreis evangelischer und katholischer Theologinnen und Theologen) presents its study "Reformation 1517–2017 Ecumenical perspectives", originating from several years of work with conditions and a prehistory which in the following will be outlined to facilitate the reading of the study. Each ecumenical-theological study comes into being in a certain context (section 1), it has a concrete history in planning and realization (section 2), and it has backgrounds in its own efforts preceding it (section 3) as well as a specific profile compared to other contributions to the selected subject matter (section 4).

1. *Formative contexts of the Ecumenical Study Group's undertaking*

In the recent past, the World Council of Churches (WCC) has declared decades - from 1988 to 1998 the decade of the Churches' solidarity with women and from 2001 to 2010 the decade to overcome violence. This is supposed to place an urgently important issue on the agenda of institutions and individuals for a period of ten years.

The Evangelical Church in Germany (EKD) now also has been making use of this instrument and has, in preparation for the year 2017, initiated a decade in which the event of the Reformation will be looked at with changing emphasis each year from 2008 to 2001. Aspects relevant in terms of cultural history like education, politics, image and music have been suggested as yearly themes as well as tolerance, freedom, responsibility for the world, the Bible, and confession. Decades concentrate attention for a long time. They provide the opportunity to participate actively in an open dialogue with a differentiated view on a subject area. Decades address topics the reflection of which has not reached an end after ten years.

The ÖAK-study of the Reformation under ecumenical perspective will be published well before the end of the decade about the Reformation in 2017. The initial debates about the question whether it is appropriate to connect the remembrance of the Reformation mainly or even only with the name Martin Luther are far behind us today. The complex processes of the Reformation are inseparable from his person – in the years to come the focus will be on the overall events and the person as well as the person and the overall events. For an ecumenical approach it is of particular importance that research into the history leading up to the Reformation has gained importance in recent years, associated with names like Bernd Moeller and Heiko Augustinus Oberman. A careful classification in this context makes it possible to acknowledge the unique character of the events emanating from Wittenberg and Zurich, even though there were beginnings of reforms in the Church, which are partly comparable with the objective of the Reformation, elsewhere in Europe at this point in history – also in places where the Roman-Catholic denomination is in the majority today.

From the 16th century, the Protestant tradition has presented itself highly diversified. Lutheran, Reformed, Anglican, Anabaptist and other free church denominational communities celebrate their individual dates they connect with their origin as independent churches. Sometimes different national developments play a role as well, as in the case of the Lutheran churches in Scandinavia. Remembrance of the beginnings supports identity formation in the present. In this connection Martin Luther's person and work receives appreciative respect, in varying degrees depending on denominational affiliation. Besides, since the 1920s the work of the WCC-movement "Faith and Order" has also placed an interpretation of the events from the 16th century taking the Protestant / Roman Catholic dialogue into account into the field of vision of multilateral ecumenism.

In view of the year 2017 it is obvious to think of the previous celebrations in centuries where the year 17 was reason for remembrance. Scientific contributions to this subject matter emphasize the strong influence of the respective *Zeitgeist* on these anniversary years of the Reformation. In 1617 shortly before the beginning of the Thirty Years' War, in 1717 in the light of the new freedom of the individual early in the Age of Enlightenment, in 1817 in connection with the efforts of German nationalism, and in 1917 in the nationalistically loaded context of World War One, but at the same time by theologian Karl Holl from Berlin as a signal for a markedly theological understanding of Marin Luther. Against this background that receives high attention in Reformation studies today the obvious question is how future historiography will interpret the year 2017. In light of the importance the ecumenical movement has gained in the 20th century the question of a reasonable coexistence of denominations can be expected to be a crucial touchstone. The ÖAK-study can contribute to a clarification of this perspective, too.

2. Project history

Very soon after the declaration of the decade of the Reformation the ÖAK, at the suggestion of the contact discussion group of the Evangelical Church in Germany (EKD) and the German Bishops' Conference (DBK), discussed the question what its specific contribution to a scientific study of this subject matter could be in light of the history and composition of this ecumenical body. After initial explorations of possible undertakings in a working group (consisting of Hermann Barth, Volker Leppin, Vinzenz Pfnür, Wolfgang Thönissen, and Gunther Wenz), already in the autumn of 2008 two projects began to emerge which, based on the results of the working group, were agreed upon at the annual ÖAK-conference in the spring of 2009: (1.) Ecumenical comments on selected writings from the century of the Reformation, compiled on behalf of ÖAK by individual members under their own responsibility and edited by the scientific coordinators.[1] (2.) A scientific ÖAK-study of the theological understanding of the Reformation, compiled by members of the ÖAK with possible participation of other colleagues with particular expertise in the history of the Reformation. With the present study a final result pursuant to these decisions has been achieved.

From the annual conference in 2010 to the annual conference in 2014, the ÖAK has addressed the subject matter of the Reformation in conversations following presentations and by discussing submitted draft texts. This happened parallel with two other projects: The completion of the study "Salvation for all?"[2] and the continuing deliberations about whether the ÖAK still wants to participate in the preparation of "In via statements" with respect to the level of ecumenical dialogues within the topic Eucharist and Holy Communion already achieved and / or with respect to the apostolicity of the church office.

---

[1] These planned comments on sources from the age of the Reformation can be expected to appear in 2015. With its selection of texts the planned publication gives an insight into the Lutheran, Reformed and Roman-Catholic confessionalization. It also considers some sources from the humanism of that time as well as the early inner-Protestant and interdenominational religious debates.
[2] Cf. Dorothea Sattler and Volker Leppin, eds. Heil für alle? Ökumenische Reflexionen. Freiburg / Göttingen 2012 (Dialog der Kirchen, vol. 15).

From the beginning of the considerations, there was a consensus in the ÖAK that the study to be planned should contain a historical reconstruction of the Reformation based on ecumenical collaboration. Papers on this thematic aspect and presentations for section 2 of the present study were compiled by Berndt Hamm, whose concept of "normative centralization" was met with approval, as a guest in the ÖAK, as well as (in alphabetical order) by the ÖAK-members Franz-Xaver Bischof, Volker Leppin, Gerhard Müller, and the late deceased Roman-Catholic Reformation historian Vinzenz Pfnür. A paper by Wolfgang Thönissen gave an insight into the projects position in an international as well as in a national context.

From the beginning a systematic-theological reflection of the events of the 16th century from ecclesiological perspective seemed necessary, too. In this subject area Michael Beintker and Peter Walter were responsible for papers and the preparation of section 3 of the present study. In the final phase of the considerations it seemed helpful to take a closer look at the ecumenical present. Here the focus was on the joint ecumenical conviction of the "Ecclesia semper reformanda", the Church always in need of reform. This matter was enlarged upon in papers by Johanna Rahner and Myriam Wijlens from a Roman-Catholic point of view and by former ÖAK-member Christian Grethlein from a Protestant point of view and finally taken up by Hans-Peter Großhans and Dorothea Sattler in section 4 of the present study, taking other aspects into account, among others also by Ulrich Körtner. In light of the numerous aspects that have to be taken into account with regard to the present situation of ecumenism the subject matter of the final section was, after final discussions, extended by principal questions of contemporary ecumenical hermeneutics.

The text of the joint study with the title "Reformation 1517–2017 Ecumenical perspectives" was discussed verbatim in the Ecumenical Study Group and agreed upon unanimously without abstention in its now published form at a meeting in Tutzing on April 10, 2014.

3. Positioning in fundamental concerns of the Ecumenical Study Group

The fundamental questions of theology which because of the differing answers triggered the process of forming independent denominational communities in the 16th century have accompanied the study work of the ÖAK since its foundation. In view of the ecumenical friendships that were strengthened during the period of joint opposition against National Socialism, it seemed obvious to found a body in Germany that very specifically should consider the controversies in the understanding of the churches, their sacraments and their offices. The ÖAK commenced its study work in 1946 in Paderborn in accordance with the Roman-Catholic directives for interdenominational meetings at that time. Even in June 1948 the Holy Office, in its "Monitum ‚Cum compertum'"[3], had reminded the public of the valid church law of that time which did not allow Roman-Catholic scientists to act on their own initiative with respect to ecumenical meetings. At the end of 1949 ecumenical efforts received higher appreciation in the Holy Office's instruction "Ecclesia Catholica: De Motione ‚Oecumenica'"[4], but the fact remained that they were supposed to take place only in limited exceptional situations with explicit consent of the bishops of the local churches. In the first years in Paderborn the members of the ÖAK therefore met "accidentally planned" in the same place for deliberations about the same topic.[5] In the period leading up to and in the context of the Second Vatican Council the yearly conferences of the Ecumenical Study Group were confident that they soon would be able to argue for a visible unity of the churches after a scientific consideration of the remaining controversial issues. Renowned theologians with Lutheran and Roman-Catholic denominational affiliation placed their power of thought at the service of ecumenism – among them Hermann Volk, Karl Rahner, Karl Lehmann, Joseph Ratzinger, Walter Kasper and Theodor Schneider on the Roman-Catholic side and Edmund Schlink, Peter Brunner, Eduard Lohse, Wolfhart Pannenberg, Eberhard Jüngel and Gunther Wenz on the Protestant side. Until today the ÖAK regards its work as scientifically independent. The presiding bishops and the scientific directors take care of the connection between the Christian life of faith and its scientific theological reflection.

Counting the present study, 16 volumes have been published so far in the series "Dialog der Kirchen" (in cooperation between the publishing

---

[3] SS. Congregatio S. Officii, Monitum "Cum compertum" from June 5, 1948. Acta Apostocicae Sedis (AAS) 40 (1948) p. 257.
[4] SS. Congregatio S. Officii, Instructio "Ecclesia Catholica: De Motione "Oecumenica" from December 20, 1949. AAS 42 (1950) p. 142-147.
[5] Cf. on the early history of the ÖAK: Barbara Schwahn. Der ökumenische Arbeitskreis evangelischer und katholischer Theologen von 1946 bis 1975. Göttingen 1996 (Forschungen zur systematischen und ökumenischen Theologie 74). Cf. on the history of the ÖAK also: Stephan Henrich. Der Ökumenische Arbeitskreis evangelischer und katholischer Theologen (Dokumentation), in: Kerygma und Dogma 35 (1989) p. 258-295; Eduard Lohse. 50 Jahre Arbeitskreis evangelischer und katholischer Theologen, in: Kerygma und Dogma 42 (1996) p. 177-185; Ulrich Ruh. Theologie: 50 Jahre Ökumenischer Arbeitskreis. In: Herder Korrespondenz 50 (1996) p. 230-232.

Editors' Introduction

houses Herder und Vandenhoeck & Ruprecht).[6] Some volumes have appeared in translation.[7] Looking at these studies one will notice that the controversies of the 16th century were the constant point of reference for all the efforts of the ÖAK. The present publication has to be understood in this tradition as well. Individual controversial issues like that of the sacrificial character of the Eucharist respectively the Holy Communion[8], of the significance of regarding man as "simul iustus et peccator"[9] (man - at the same time righteous and a sinner)

---

[6] Cf. Karl Lehmann and Wolfhart Pannenberg, eds. Glaubensbekenntnis und Kirchengemeinschaft. Das Modell des Konzils von Konstantinopel (381). Freiburg, Göttingen 1982 (Dialog der Kirchen, vol. 1); Karl Lehmann and Edmund Schlink, eds. Evangelium – Sakramente – Amt und die Einheit der Kirche. Die ökumenische Tragweite der Confessio Augustana. Freiburg, Göttingen 1982 (Dialog der Kirchen, vol. 2); Karl Lehmann and Edmund Schlink, eds. Das Opfer Jesu Christi und seine Gegenwart in der Kirche. Klärungen zum Opfercharakter des Herrenmahles. Freiburg, Göttingen 1983 (Dialog der Kirchen, vol. 3); Karl Lehmann and Wolfhart Pannenberg, eds. Lehrverurteilungen – kirchentrennend? I: Rechtfertigung, Sakramente und Amt im Zeitalter der Reformation und heute. Freiburg, Göttingen 1986 (Dialog der Kirchen, vol. 4); Karl Lehmann, ed. Lehrverurteilungen - kirchentrennend? II: Materialien zu den Lehrverurteilungen und zur Theologie der Rechtfertigung. Freiburg, Göttingen 1989 (Dialog der Kirchen, vol. 5); Wolfhart Pannenberg, ed. Lehrverurteilungen – kirchentrennend? III: Materialien zur Lehre von den Sakramenten und zum kirchlichen Amt. Freiburg, Göttingen 1990 (Dialog der Kirchen, vol. 6); Wolfhart Pannenberg and Theodor Schneider, eds. Verbindliches Zeugnis, I: Kanon – Schrift – Tradition. Freiburg, Göttingen 1992 (Dialog der Kirchen, vol. 7); Wolfhart Pannenberg and Theodor Schneider, eds. Lehrverurteilungen – kirchentrennend? IV: Antworten auf kirchliche Stellungnahmen. Freiburg, Göttingen 1994 (Dialog der Kirchen, vol. 8); Wolfhart Pannenberg and Theodor Schneider, eds. Verbindliches Zeugnis, II: Schriftauslegung – Lehramt – Rezeption. Freiburg, Göttingen 1995 (Dialog der Kirchen, vol. 9); Theodor Schneider and Wolfhart Pannenberg, eds. Verbindliches Zeugnis, III: Schriftverständnis und Schriftgebrauch. Freiburg, Göttingen 1998 (Dialog der Kirchen, vol. 10); Theodor Schneider and Gunther Wenz, eds. Gerecht und Sünder zugleich? Ökumenische Klärungen. Freiburg, Göttingen 2001 (Dialog der Kirchen, vol. 11); Theodor Schneider and Gunther Wenz, eds. Das kirchliche Amt in apostolischer Nachfolge, I: Grundlagen und Grundfragen. Freiburg, Göttingen 2004 (Dialog der Kirchen, vol. 12); Dorothea Sattler and Gunther Wenz, eds. Das kirchliche Amt in apostolischer Nachfolge, II: Ursprünge und Wandlungen. Freiburg, Göttingen 2006 (Dialog der Kirchen, vol. 13); Dorothea Sattler and Gunther Wenz, eds. Das kirchliche Amt in apostolischer Nachfolge, III: Verständigungen und Differenzen. Freiburg / Göttingen 2008 (Dialog der Kirchen, vol. 14); Dorothea Sattler and Volker Leppin, eds. Heil für alle? (see note 2).

[7] Cf. Karl Lehmann and Wolfhart Pannenberg, eds. Les anathèmes du XVIe siècle – sont-ils encore actuels? Propositions soumises aux Églises. Paris 1989; Karl Lehmann and Wolfhart Pannenberg (eds.). Condemnations of the Reformation Era: Do they still divide? Minneapolis 1990; Theodor Schneider and Wolfhart Pannenberg (eds.). Binding Testimony. Holy Scripture and Tradition. Frankfurt (New York; Oxford etc.) 2014.

[8] Cf. Karl Lehmann and Edmund Schlink, eds. Das Opfer Jesu Christi und seine Gegenwart in der Kirche (see note 6).

[9] Cf. Theodor Schneider and Gunther Wenz, eds. Gerecht und Sünder zugleich? (see note 6).

and of the church office in apostolic discipleship[10] address individual issues of the controversies in the 16th century. Principal questions of ecumenical hermeneutics are the subject of a multivolume study with the title "Verbindliches Zeugnis"[11].

The study "Lehrverurteilungen – kirchentrennend?"[12] (Karl Lehmann / Wolfhart Pannenberg (Ed.), Condemnations of the Reformation Era: Do they still divide?, Minneapolis 1990;), published by the ÖAK in 1986, is of particular importance for the history of ecumenism between the Roman-Catholic Church and the churches which emerged from the Reformation. Following John Paul II's visit to Germany in 1980 the then established "Joint Ecumenical Commission" (GÖK) commissioned a scientific study of the ÖAK that was supposed to address the question whether the condemnations issued in the 16th century regarding the subject areas justification, sacraments and office still are valid for the current partner from a current theological perspective and still have a church-dividing effect.[13] Since the ecumenical deliberations about this issue not were meaningful without taking the reformed theology in the 16th century and the subsequent period into consideration the ÖAK was enlarged with theologians with that denominational affiliation – this composition still is constitutive today. The result achieved by intensive study work was: From the perspective of contemporary theology the condemnations made in the 16th century can no longer be classified as "church-dividing" because today there is a more differentiated insight into to contexts of the denominational argumentations of that time, because in the meantime further reflections about these issues have been made in ecumenical openness, and because the still remaining differences in church teachings do not need to have a "church-dividing" effect.[14] In

---

[10] Cf. Theodor Schneider and Gunther Wenz, eds. Das kirchliche Amt in apostolischer Nachfolge, I (see note 6); Dorothea Sattler and Gunther Wenz, eds. Das kirchliche Amt in apostolischer Nachfolge, II (see note 6); Dorothea Sattler and Gunther Wenz, eds. Das kirchliche Amt in apostolischer Nachfolge, III (see note 6).
[11] Cf. Wolfhart Pannenberg and Theodor Schneider, eds. Verbindliches Zeugnis, I (see note 6); Wolfhart Pannenberg and Theodor Schneider, eds. Verbindliches Zeugnis, II (see note 6); Theodor Schneider and Wolfhart Pannenberg, eds. Verbindliches Zeugnis, III (see note 6).
[12] Cf. Karl Lehmann and Wolfhart Pannenberg, eds. Lehrverurteilungen – kirchentrennend? I (see note 6).
[13] Cf. the documentation of the correspondence about the first church-official assignment accepted by the ÖAK that has remained unique until today, ibid., p. 177-196.
[14] In its final report the "Joint Ecumenical Commission" which acted under the presidency of the bishops Eduard Lohse (1981-1985) and Paul-Werner Scheele (1982-1985; earlier, 1981-1982, under the presidency of Archbishop Joseph Cardinal Ratzinger) stated: "A number of condemnation statements were due to misunderstandings of the op-

Germany the synods of many regional Protestant churches, denominational bodies within the EKD as well as the DBK have considered the results of the study "Condemnations – do they divide churches?"[15] The corresponding statements have received a theological reply from the ÖAK.

Regarding the question of the "justification" of man as sinner solely because of the mercy of God the preliminary works of the ÖAK, mainly with important contributions by Otto Hermann Pesch, Erwin Iserloh and Bernhard Lohse and in conjunction with further studies in the international context[16], contributed to the signing of the "Joint Declaration on the Doctrine of Justification"[17] by the Lutheran World Federation and the Catholic Church's Pontifical Council for Promoting Christian Unity in Augsburg on October 31, 1999.[18]

In the meantime the ÖAK has taken another step in the direction of ecumenical hermeneutics with the study "Heil für alle?"[19]. Looking back at the earlier days not only scientifically substantiated differentiations in the evaluation of the processes are made here. Rather, a joint substantiation of the Christian message about God's

---

posite standpoint. Others are no longer valid for the teaching and practice of today's partner. With regard to still others new insights into the subject matter have led to a high degree of understanding. However, for some condemnation statements no consensus can be established even today. (...) We cannot dismiss the condemnations which were issued at that time. They retain the significance of salutary warnings in a dual way: Within ones own heritage they warn against falling back behind the clarifications achieved in the 16th century. Those belonging to another denomination they warn against understanding and expressing their own heritage in a way that will make antagonisms which have become conquerable with the recent theological development erupt again with renewed strength. (...) If the condemnation statements from the age of the Reformation lose their church-dividing effect, not all conditions for the complete church community will be in place but the path to negotiations about it will become free" (Schlussbericht der Gemeinsamen Ökumenischen Kommission zur Überprüfung der Verwerfungen des 16. Jahrhunderts, in: ibid., p. 187-196, here p. 189).

[15] Cf. Lehrverurteilungen im Gespräch. Die ersten offiziellen Stellungnahmen aus den evangelischen Kirchen in Deutschland, Göttingen 1993; Stellungnahme der Deutschen Bischofskonferenz zur Studie "Lehrverurteilungen – kirchentrennend?" (June 21, 1994), Bonn 1994 (series "Die Deutschen Bischöfe", number 52).

[16] Cf. the following study that emerged from a bilateral dialogue in the USA: Justification by Faith. Lutherans and Catholics in Dialogue, vol. VII, Minneapolis 1985; German translation: Rechtfertigung durch den Glauben. Lutherisch / Römisch-katholischer Dialog in den USA. In: Harding Meyer and Günter Gassmann, eds. Rechtfertigung im ökumenischen Dialog. Dokumente und Einführung. Frankfurt 1987, p. 107-200 (Ökumenische Perspektiven, vol. 12).

[17] Cf. Gemeinsame Erklärung zur Rechtfertigungslehre des Lutherischen Weltbunds und der Katholischen Kirche. In: Meyer, Harding et al. (eds.). Dokumente wachsender Übereinstimmung. Vol. 3, Frankfurt, Paderborn 2003, p. 419-441.

[18] Cf. Friedrich Hauschildt et al. (eds.). Die Gemeinsame Erklärung zur Rechtfertigungslehre. Dokumentation des Entstehungs- und Rezeptionsprozesses. Göttingen 2009.

[19] Cf. Dorothea Sattler and Volker Leppin (eds.). Heil für alle? (see note 2).

will for salvation of the entire creation in a religio-historical context for the present and the future seems to be important, too. However, the change of the objective of ecumenical research connected with this study, the last one directly preceding the present publication, does not have to be viewed in terms of a paradigm change in the sense of a strict alternative which seems to be imperative today. Taking a view of the ecumenical issues based on theological controversy as a starting point can actually lead to joint Christian responsibility for the preaching of the Gospel. Especially in view of the 16th century it seems appropriate to look at interconnected individual controversial theological issues and principal considerations of the continuing significance of being Christian together. Back then and today the concern about the preaching of the Gospel according to the Holy Scripture and the celebration of the sacraments according to the divine institution was the cause for the denominational conflict. None of the interpretational communities of the one Christian tradition which back then were still described as "religious parties" took pleasure in this conflict.

4. Theological profile of the present study

The present study is committed to the methodology of ecumenical dialogue work, even if a selected individual issue was not the subject of considerations in the ÖAK in the case of this study. Each section of the study was formed in ecumenical cooperation of persons with different Christian denominations. This methodology demonstrates that insights can be gained from a joint ecumenical consideration of an event or a topic. In the historical reconstruction of the identity of a community it feels irritatingly salutary when other narratives are added that are formulated from a different perspective. Thus the ÖAK – aware of opposite standpoints – adheres to the necessity of ecumenical dialogues with the objective of knowing and talking about everything belonging to the identity of the denominational counterpart, in order to, at the end of a process of listening and understanding, to be able to state together what makes the positions distinct and what is common for them. Quite a few theologians with experience in ecumenical dialogues consider it meaningful to strengthen the efforts in the present ecumenical dialogues, to regard the harvest that already can be brought in from the ecumenical dialogues appreciatively as fertile ground for all further efforts.[20] With regard to the "Joint Declaration on the Doctrine of Justification"[21] this methodology has already proven itself. On the international level – in Lutheran / Roman-Catholic dialogue as well – an important document with the title "From Conflict to Communion"[22] has come into being in the context of the preparations for the year 2017. It takes Martin Luther's personality and results of the ecumenical dialogues that have already been achieved as well as the principles of contemporary ecumenical hermeneutics into account. This international Lutheran / Roman-Catholic study is of lasting importance as a helpful compendium of the achieved consensus as well as a declaration of the willingness to continue the dialogues.

The call for a reform of all Christian denominations to a life in accordance with the one common Christian Gospel connects the ecumenical statements for the remembrance of the Reformation in 2017 on the national and on the international level. It is not a primary concern of this ÖAK-study to present suggestions for a possible ecumenical organization of the year 2017. With regard to this, the EKD and the DBK in the meantime, at the recommendation of the contact study group, have established their own working group that with the central theme "Healing of memories" is developing a basis for a joint remembrance of the Reformation preferably in ecumenical closeness and possibly with the corresponding ritual symbolic actions, a basis substantiated by historical research and with regard to the question of denominational identity formation based on the sociology of knowledge. Nationally and internationally there are further perspectives for the success of 2017 as a year of remembrance of the Reformation under the sign of ecumenism. In this connection, it is evident that it makes a difference whether individual denominations undertake the task of determining their theological position in the sense of self-assurance, as for instance with the

---

[20] Cf. Walter Kasper. Die Früchte ernten. Grundlagen christlichen Glaubens im ökumenischen Dialog. Leipzig,Paderborn 2011; English original: Harvesting the Fruits. Basic Aspects of Christian Faith in Ecumenical Dialogue. London, New York 2009.
[21] Cf.. Gemeinsame Erklärung zur Rechtfertigungslehre des Lutherischen Weltbunds und der Katholischen Kirche (see note 17).
[22] Cf. Theo Dieter and Wolfgang Thönissen (eds.). Vom Konflikt zur Gemeinschaft. Gemeinsames lutherisch-katholisches Reformationsgedenken im Jahr 2017. Bericht der Lutherisch / Römisch-katholischen Kommission für die Einheit. Leipzig, Paderborn 2013; English orginal: From Conflict to Communion. Lutheran-Catholic Common Commemoration of the Reformation in 2017. Leipzig, Paderborn 2013.

document "Rechtfertigung und Freiheit"[23], compiled by a commission under the EKD, or whether a body with active participation of members of the respective denominations together attempts to determine the situation. Both processes have an ecumenical significance. They are mainly received with regard to the question which understanding of the "unity" of the churches to be looked for is implicitly contained in the argumentation in view of the now existing multitude of denominations. The fact that in the present composition of the ÖAK the number of theologians perceiving the plurality of the churches as a reason for appreciation rather than as a cause for concern has grown is clearly recognizable in the present study. Differences in the definition of the objective of ecumenism have effects on the selection of topics and methods – this applies to the ÖAK, too. In this situation, it remains important to determine the positions, to ensure mutual understanding, to develop perspectives together and to retain respect for each other in all this.

In the multitude of opinions about the year of remembrance 2017 the ÖAK contributes something not happening in other places in this form: A synopsis of the historical reconstruction of the events of the 16th century in combination with fundamental questions of ecclesiology with the leading point of the need for reform and the capacity for reform of all churches. In the ÖAK there is consensus about this principal ecclesiological statement. It provides the basis for further scientific studies within the horizon of the contemporary challenges faced by ecumenism.

Volker Leppin / Dorothea Sattler

---

[23] Rechtfertigung und Freiheit. 500 Jahre Reformation 2017. Ein Grundlagentext der Evangelischen Kirche in Deutschland. Gütersloh 2014.

Reformation 1517–2017
Ökumenische Perspektiven

Vorbemerkung

Der Blick auf das Jahr 2017 gibt Anlass zu der Frage, wie in einer für heutige ökumenische Verständigung befriedigenden Weise über die Reformation und ihre Folgen gesprochen werden kann. Während das Jubiläum einerseits Errungenschaften und gute Früchte der Reformation feiern will, kommt mit dem Gedenken an die Reformation andererseits auch der Verlust der kirchlichen Einheit in den Blick. So naheliegend es ist, dass die evangelische Seite eher ersteres, die katholische Seite eher letzteres erinnert, so wichtig wäre es, dass die Konfessionen selbstkritisch beide Seiten der Reformation bedenken. Offenkundig ist, dass das Jahr 2017 eine sinnvolle Füllung nicht allein durch die Geschehnisse des 31. Oktober 1517 und die von diesem Tag an verbreiteten 95 Thesen gegen den Ablass gewinnen kann. Vielmehr muss die Vielfalt der Entwicklungen und Bewegungen in den Blick kommen, die unter dem Gesamtbegriff der „Reformation" zu fassen sind. Je nach konfessioneller Ausrichtung überwiegt dabei die Wahrnehmung der Geschehnisse als Spaltung der einen Kirche des lateinischen Europa oder als Erneuerung der Kirche im Sinne der Botschaft von der Rechtfertigung des Sünders aus Gnade allein und durch den Glauben allein. Auch aus dieser Sicht wird man freilich zu fragen haben, ob dies nur auf dem Wege einer Spaltung der gegebenen Kirche möglich war, ob diese Wirkung vermeidbar gewesen wäre und was zu ihr geführt hat.

Damit ist man bei der Frage nach den Ursprüngen der Reformation. Doch je nach Bewertung des Gesamtverlaufs unterscheiden sich auch die traditionellen Ursprungserzählungen, mit denen sich die neuzeitlichen Konfessionskirchen diese Geschehnisse vergegenwärtigen. Die unterschiedlichen konfessionellen Zugangsweisen lassen sich bis in die moderne Reformationsforschung hinein nachvollziehen. Die Debatten um die Lutherdeutung haben noch Anfang des 20. Jahrhunderts nachhaltig an die konfessionellen Implikationen historischer Großerzählungen erinnert – und ihrerseits weitere Forschungspotenziale freigesetzt.

So ist die einfache Konfrontation konfessioneller Deutungsmuster in der Gegenwart einem vielfältigen Beziehungsgeflecht gewichen. Die katholische Lutherforschung der Mitte des vergangenen Jahrhunderts hat verkrustete Bilder von einem lediglich an seiner Skrupulosität als Mönch leidenden Martin Luther aufgebrochen und die Wurzeln der Reformation in den tatsächlichen Zuständen kirchlichen Lebens und in den Transformationsprozessen des späten Mittelalters offengelegt. So wenig diese Forscher sich alle Folgerungen Luthers zu Eigen machen wollten, so sehr eröffneten sie doch einen Weg, den theologischen Impuls Luthers und der Reformation wahrzunehmen und zu würdigen. Umgekehrt wichen auf evangelischer Seite einseitig negative Darstellungen der mittelalterlichen Kirche und Heroisierungen Luthers und anderer Reformatoren einer realistischeren Würdigung des vielfältigen mittelalterlichen Bemühens, der Gnade Gottes und dem Tun des Menschen zugleich einen Platz im Heilsplan Gottes zu geben. Die damit gegebene konfessionelle Öffnung verbindet sich in der Reformationsforschung zunehmend mit einer Internationalisierung und der Einbindung in die allgemeine Geschichtswissenschaft.

Diese kann dem eigenen Anspruch nach keine theologische Intention verfolgen – der Sache nach bedeutet sie eine Erweiterung der Sicht auf die Reformation und dient dabei durchaus implizit einer ökumenischen Verständigung. Deren Anliegen muss es freilich zugleich sein, die gewonnene nüchterne Sicht auf die Reformation einer theologisch angemessenen Deutung zuzuführen, die es ermöglicht, die Erinnerung an die Reformation im Jahre 2017 auch als Impuls für das vertiefte ökumenische Gespräch zu nutzen. Hierzu wollen die folgenden Darlegungen einen Beitrag leisten, mit denen der Ökumenische Arbeitskreis gerne den vielfältigen Anregungen folgt, Überlegungen für ein ökumenisches Verständnis der Reformation vorzustellen.

1. Begriffe

Der Begriff „reformatio" tauchte bereits im späten Mittelalter zur Bezeichnung von Programmen auf, mit denen eine grundlegende Erneuerung der Kirche (Wiederherstellung des *De*formierten) gemeint war. Schriften wie die (1) „Reformatio Sigismundi" stellten im 15. Jahrhundert entsprechende Forderungen auf und wurden in reformorientierten Strömungen breit rezipiert. In der Reformationsbewegung selbst wurde der Begriff zunächst auch lediglich in dem Sinne einzelner Umgestaltungen verstanden, wobei die lateinische Grundbedeutung der re-formatio stets darauf verwies, dass als legitimer Grund dieser Maßnahmen der Anspruch gesehen wurde, dass durch sie die Kirche auf ihre Ursprünge zurückgeführt werde, um verloren Gegangenes wieder zu gewinnen, ohne Gewachsenes revolutionär zu zerstören; an diese Begriffsverwendung knüpfte noch Luther selbst an, als er in den Resolutiones zu den (2) Ablassthesen erklärte: (3) „Ecclesia indiget reformatione" (WA 1,627,27f.), „Die Kirche bedarf einer Reformation". Zu einem Epochenbegriff wurde „Reformation" dann erst in der frühneuzeitlichen Selbstreflexion der vorwiegend protestantischen Geschichtsschau, wobei weiterhin die innerkirchlichen Prozesse im Vordergrund standen. Erst die Forschung des 19. Jahrhunderts hat „Reformation" zu einem auch gesamtgesellschaftliche Prozesse umfassenden historiographischen Begriff gemacht und mit ihm faktisch die heute auch für die allgemeine Geschichtsschreibung geltende Epochengrenze auf die Zeit um 1500 fixiert. Dieser historische Beschreibungsbegriff steht in einem nicht immer ganz klaren Verhältnis zu einem evangelischerseits normativen Verständnis des „Reformatorischen", wobei sich auch evangelischerseits der normative Charakter allein aus der Entsprechung zur Heiligen Schrift herleiten kann. Für einen ökumenischen Zugang zu dem Begriff ist es dabei von Bedeutung, dass der Begriff der „reformatio" mit dem historischen Geschehen des 16. Jahrhunderts zwar einerseits eine spezifische Bedeutung im Sinne einer Veränderung gewann, die zur kirchlichen Trennung geführt hat, andererseits aber in der Grundbedeutung als kirchliche Selbstkorrektur, wie sie jeder Kirche eigen ist, keineswegs aus dem Sprachgebrauch der Römischkatholischen Kirche verschwunden ist. Als Leitbegriff für Veränderungsprozesse ist er erhalten geblieben und begründete einen Begriffsgebrauch, der die Aufnahme der neuzeitlichen evangelischen Grundüberzeugung von der „Ecclesia semper reformanda" in (4) Dokumente des Zweiten Vatikanischen Konzils ermöglichte (vgl. Lumen Gentium 8; Unitatis Redintegratio 6).

In diesem Sinne ist es auch zu verstehen, dass im Zuge der ökumenischen Weitung der Forschung zum 16. Jahrhundert einzelne Begriffe neu diskutiert wurden. So wurde insbesondere der einseitig auf die Reformation als Leitbegriff abzielende und mit polemischen Untertönen sekundär gebildete Begriff der „Gegenreformation" für die auf die Reformation reagierenden Verhaltensweisen der alten Kirche durch den Begriff der „Katholischen Reform" ergänzt, der deutlich macht, dass auch auf katholischer Seite Reformimpulse der spätmittelalterlichen Kirche aufgegriffen und umgesetzt wurden, und der insbesondere zeigt, dass innerkirchliche Reformen bereits vorreformatorisch in verschiedenen Bewegungen (Orden, devotio moderna etc.) und Ländern, vor allem in Spanien, Frankreich und Italien, aber auch in Deutschland (z.B. Melker Reform, Reformzweig der Augustinereremiten) begonnen hatten und sich ohne Unterbrechung durch die Reformation, wenngleich von ihr beeinflusst, fortsetzten. Für die zweite Hälfte des 16. Jahrhunderts neigt die moderne Forschung mit Begriffen wie „Konfessionsbildung" und „Konfessionalisierung" inzwischen generell dazu, konfessionelle Ungleichgewichte in der historischen Beschreibung zu vermeiden und mögliche normative Begriffe durch Begriffe aus dem Zusammenhang konfessionsneutraler Theoriebildung zu ersetzen. Wiederum gilt allerdings auch hier, dass das Ökumenische Gespräch einerseits in einer historischen Beschreibung eine erfreuliche Versachlichung der Argumentation sehen kann, andererseits es das Anliegen einer theologischen Deutung bleiben muss, die historischen Befunde und Deutungen auch einer solchen Interpretation zuzuführen, die nach Legitimität historischen Agierens im Angesicht Gottes und nach dem Verhältnis zwischen Gottes Handeln und historischem Geschehen fragt.

2. Historische Perspektiven

2.1 Voraussetzungen im späten Mittelalter

Die konfessionelle Deutung der Reformation steht immer auch in einem Zusammenhang mit der Bestimmung des Verhältnisses von Reformation und Mittelalter. Das Mittelalter gehört in die Vorgeschichte aller modernen Konfessionskirchen, wenn auch in unterschiedlichem Ausmaß. Sie alle stellen zu unterschiedlichen Anteilen und in unterschiedlichen Graden auch Transformationen der mittelalterlichen Kirche dar. Gleichwohl ist der Grad der positiven Identifikation mit dem mittelalterlichen Erbe in der Römisch-katholischen Kirche der Neuzeit ungleich höher als in den lutherischen und reformierten Kirchen, zu deren Selbstverständnis in hohem Maße auch eine Abgrenzung von der Kirche gehört, wie die Reformatoren sie Anfang des 16. Jahrhunderts vorfanden.

Die im 16. Jahrhundert geformten Bilder haben auch in historischen Rekonstruktionen diese unterschiedlichen Bestimmungen weitgehend fortgeführt. Allerdings ist es bei der früheren einseitigen Bestimmung der Reformation als Abfall von einem positiv gesehenen Mittelalter auf katholischer und einer reinen Negativwertung des Mittelalters auf evangelischer Seite nicht geblieben, sondern es kam ab der Mitte des 20. Jahrhunderts zu einer bemerkenswerten Verschiebung in der Forschung, als auf katholischer Seite die dekadenten Elemente des späten

Mittelalters hervorgehoben wurden, auf evangelischer Seite hingegen die Intensität der hier anzutreffenden Frömmigkeit.

Die Möglichkeit einer solchen Umkehr der Wertungen verweist darauf, dass linear auf Hoch- oder Tiefpunkte hinführende Verhältnisbestimmungen von Spätmittelalter und Reformation nicht geeignet sind, die komplexen Verhältnisse angemessen zu beschreiben. Daher wird in der jüngeren Forschung verstärkt über eine vorsichtigere Verhältnisbestimmung nachgedacht, die in der Beschreibung der Reformation die unübersehbaren Kontinuitäten ebenso berücksichtigt wie sie die der Reformation wie allen historischen Entwicklungen eigene Unableitbarkeit und darin ihre Besonderheit und Neuheit gegenüber den vorherigen Entwicklungen zur Geltung bringt. Die Reformation erscheint so als Fortentwicklung, Intensivierung und Brechung mittelalterlicher Entwicklungen, deren Bündelung durch die „normative Zentrierung" (Berndt Hamm) in der Rechtfertigungsbotschaft neue Impulse freisetzt und zu einer neuen, eigenen Gestalt von Kirche führt.

Zu dem Ineinander von Kontinuität und Neuansatz gehört auch die Beobachtung, dass die Vorstellung einer spätmittelalterlichen monolithischen Kirche einer Realität nicht entspricht, in der die Kirche längst von vielfältigen unterschiedlichen Aspekten geprägt war, die sich zum Teil geradezu als Polaritäten ausformten. So lassen sich etwa gleichzeitig eine Intensivierung von Frömmigkeitsformen, die das Heil zum Beispiel im Ablasswesen berechen- und quantifizierbar machen, einerseits, sowie der verinnerlichten Mystik andererseits beobachten. Diese Vielfalt von unterschiedlichen Polen und Zentren war in der spätmittelalterlichen Kirche weitgehend im Horizont einer sich gemeinsam als Corpus christianum verstehenden europäisch-lateinischen Kirche existent, brachte aber Handlungsdynamiken in unterschiedliche Richtungen mit sich, die sich zum Teil schon im 15. Jahrhundert nachzeichnen lassen.

Die auffälligsten Spannungen zeigen sich in einem Kirchenbegriff, in dem im 15. Jahrhundert auf der einen Seite eine Stärkung der dezentralen Kräfte ebenso zu beobachten ist, wie eine Stärkung päpstlicher Zentralgewalt. Die Stärkung dezentraler Kräfte lässt sich nicht allein bei den Hussiten nachvollziehen, denen sogar die Anerkennung ihrer Sonderentwicklung noch vor der Reformation im Heiligen Römischen Reich gelang, sondern auch etwa in der Verselbständigung der französischen Kirche durch den Gallikanismus. Für die spätere Entwicklung der Reformation war es von besonderer Bedeutung, dass es Tendenzen zu einer solchen dezentralen Lenkung der Kirche auch innerhalb des Römischen Reiches gab, zwar nicht auf der Ebene des

Gesamtreiches, wohl aber bei den Territorialfürsten, insbesondere in Hessen und in Sachsen, also in zwei Territorien, die für die weitere Entwicklung der Reformation von großer Bedeutung sein sollten. Blickt man darauf, dass gerade gegen Ende des 15. Jahrhunderts die papalistischen Theorien in einer neuen Intensität und Qualität vorgetragen wurden, so wird deutlich, dass hier eine Spannung entstand, die die Möglichkeit auch konflikthafter Entladung aufscheinen ließ.

In dem Engagement der Fürsten zeigt sich auch eine weitere charakteristische Eigenart der spätmittelalterlichen Kirche: die zunehmende Stärkung des Laienelementes. Diese zeigte sich nicht nur auf der Ebene der regierenden Fürsten in der Wahrnehmung der Sorgfaltspflicht für die Kirche angesichts des Versagens der Bischöfe (*cura religionis; Fürsorgepflicht für die Religion*), sondern, besonders markant, auch in den Städten, zumal den Reichsstädten, in denen zusehends die Räte die Kompetenz zur personalpolitischen Gestaltung der Kirche vor Ort gewannen, begleitet von Bruderschaften, die das Bedürfnis des spätmittelalterlichen Bürgertums reflektieren, ihr religiöses Geschick mitzugestalten. Zugleich weist aber dieses Laienengagement immer auch auf seine Grenze hin, die darin lag, dass die Vermittlung des Heils an die Kleriker gebunden war, die die Sakramente verwalteten. Die Diskrepanz, die hier entstand, war nicht allein struktureller Art, sondern zunehmend wurde – ungeachtet der aufrechterhaltenen Gewissheit der Wirksamkeit der Sakramente ex opere operato und der Anerkennung des Amtspriestertums – auch die moralische Integrität der durch die Weihe hervorgehobenen Kleriker zu einem Problem der mittelalterlichen Frömmigkeit. Vielfältige Delikte, vor allem sexuelle Ausschweifungen auf allen Ebenen der Kirche verdichteten sich zu einer Wahrnehmung, dass die Kleriker gerade in besonderer Weise am Lebensideal der Kirche und ihres Standes scheiterten, bis hin zu dem verbreiteten „Antiklerikalismus", der den Klerikerstand pauschalisierend einer Kritik unterzog, dabei freilich mehr die moralische Wirklichkeit des Priesterstandes als die ekklesiologischen Grundlagen der Kirche im Blick hatte. Die oben beschriebenen Neubewertungen in der römisch-katholischen Forschung haben dazu beigetragen, dass heute die massiven Missstände auf allen Ebenen der mittelalterlichen Kirche – auch der Laien – in aller Deutlichkeit erkennbar sind. Ihnen steht freilich mit dem beschriebenen Laienengagement auch eine Bejahung intensivierter Frömmigkeit gegenüber, die sich bis zu der Metapher vom Priestertum andächtiger Menschen bei Johannes Tauler steigern konnte und ihren realen Ausdruck in den vielfältigen Bemühungen von Laien um eine gottgemäße Lebensführung – etwa im Rahmen der dritten Orden oder der Bewegung der Devotio moderna – fand. Auch hier gilt, dass das späte Mittelalter von polaren Spannungen geprägt ist, die eine große Breite religiös orientierter Lebensstile kenntlich machen und nicht einhellig unter einen Oberbegriff zu bringen sind.

Immer stärker wurde das Bemühen der Laien um fromme Lebensführung auch als Gegenstand theologischer Reflexion wahrgenommen und in einem eigenen Typus von „Frömmigkeitstheologie" behandelt. Eine der Ausprägungen des Laieninteresses war die Vertiefung verinnerlichter Frömmigkeit, die das Heil weniger durch objektivierbare Heilszuteilung im Sakrament oder durch moralisches Tun sucht, als durch den Weg zur inneren Gottesbegegnung. Basierend auf unterschiedlichen Formen mystischer Theologie, wurde das Ideal der demütigen Gottesbegegnung immer stärker in klösterlichen wie nichtmonastischen Kreisen verbreitet. Für die Entwicklung der reformatorischen Theologie und der mit ihr verbundenen Konflikte ist es von maßgeblicher Bedeutung, dass Luther, vermittelt durch seinen Ordensoberen und Beichtvater Johannes von Staupitz, aus eben dieser Bewegung innerlicher Frömmigkeit kam und in ihrem Kontext eine Theologie und Frömmigkeit kennengelernt hatte, die das Innere des Menschen im Angesicht Gottes in den Mittelpunkt ihres Denkens und Wahrnehmens stellte. Diesem Typus der Frömmigkeit stand ein anderer gegenüber, der, zum Teil auch durch frömmigkeitstheologische Schriften unterstützt, zum Teil aber auch in heftiger Popularisierung missbraucht, das Heil vor allem an äußeren, quantifizierbaren Faktoren festmachte. Seinen ärgsten Auswuchs fand er in der Ablasspraxis des späten Mittelalters, bis hin zu dessen missbräuchlicher Verwendung durch Albrecht von Brandenburg und den Prediger Johann Tetzel, worauf Martin Luther reagierte. Bei aller Kritik, die sich an dieser Praxis nicht allein aufgrund der reformatorischen Theologie formulieren lässt, sondern auch aufgrund der Lehre des Kardinals Cajetan und später der Beschlüsse des Konzils von Trient, bleibt doch generell in der Lehre vom Ablass das Bemühen erkennbar, das Leben auf Gott auszurichten und Sicherheit über den Tod hinaus zu erlangen. Die Heilsfrage zeigt sich im späten Mittelalter gerade in diesen Zusammenhängen besonders drängend.

Gerade hier aber waren die Antworten, die die mittelalterliche scholastische Theologie gab, nicht einhellig. Die unterschiedlichen geistigen Prägungen, die sich an den *artes*-Fakultäten sogar zu den unterschiedlichen Institutionalisierungen einer an Thomas geschulten Via antiqua und einer stärker an Ockham und anderen orientierten Via moderna verfestigt hatten, spiegelten sich auch in der Theologie. Für die Theologie des Thomas und der Thomisten war es eine durchgängige Grundlage, dass letzter Grund des Heils auf jeder Stufe des Heilsweges die Gnade Gottes ist. Auch die in der Via moderna geschulten Theologen wussten um die Angewiesenheit des Menschen auf die Gnade, beschrieben diese aber im Rahmen des an Duns Scotus anknüpfenden Modells einer *acceptatio divina* (Annahme durch Gott) stärker punktuell und ereignishaft. So konnte der Gedanke entstehen, dass der Mensch auch in seiner natürlichen Verfasstheit von Gott akzeptiert werden konnte. In einer spätmittelalterlichen Zuspitzung konnte dies dann so verstanden werden, dass letztlich der Mensch allein aus seinen natürlichen Kräften heraus das Heil erlangen könne. Diese auf das Wirken des Menschen für sein Heil vertrauende Perspektive ist als Möglichkeit von Gottes absoluter Macht jenseits der gültigen Heilsordnung im Werk Gabriel Biels angelegt, das in Luthers Studienjahren in Erfurt eine große Bedeutung besaß.

Reformationsentscheidende Bedeutung besaßen sodann wichtige Faktoren im Bildungswesen und auf Gemeindeebene. Dazu gehört ein genereller Aufschwung des Bildungswesens ab 1450, was sich unter anderem in einer Welle von Universitätsgründungen (Freiburg 1457, Basel 1459/60, Ingolstadt 1472, Tübingen 1477, Wittenberg 1502) zeigte. Höhere Anforderungen in der Pastoral gingen damit Hand in Hand. Hinzu kam die Erfindung des Buchdrucks, der die Multiplikation reformatorischer Schriften erst ermöglichte. Ebenso entscheidend war die vielgestaltige Bewegung des Humanismus, waren es doch gerade die Humanisten, die Luthers Lehren und Schriften in den ersten Jahren seines öffentlichen Auftretens maßgeblich verbreiteten, bis der Konflikt um das Menschenbild zwischen Luther und Erasmus einen großen Teil der humanistischen Bewegung der Reformation entfremdete.

2.2 Der Verlauf der Reformation

Die reformatorische Bewegung begann zunächst als eine theologische Reformbewegung. Durch die ekklesiologischen Konsequenzen, die Martin Luther aus seiner Rechtfertigungsbotschaft zog und die durch den römischen Prozess gegen Luther schon 1518 deutlich wurden, erhielt sie bald eine weit über den individuellen und regionalen Kontext hinausweisende Bedeutung und Verschärfung. Damit ging sie in eine Phase des öffentlichen Meinungskampfes über, der schließlich in die politische und gesellschaftliche Gestaltung mündete.

a. Theologische Reform: Die Anfänge der reformatorischen Bewegungen lagen zunächst in den Bemühungen Martin Luthers und einiger Gefährten um eine Reform des Theologiestudiums in Wittenberg. Neben den ohnehin im späten Mittelalter schon vorhandenen schulischen Streitigkeiten war dabei auch bedeutend, dass Martin Luther theologische Prägungen nicht nur durch sein Erfurter Studium bei Vertretern einer an Wilhelm von Ockham ausgerichteten Form der Via moderna erfuhr, sondern auch durch den im Umfeld der Universität tief verankerten Humanismus und durch die Begegnung mit mystischer Theologie im klösterlichen Kontext. Die wichtigsten theologischen Impulse aber gewann er aus der Lektüre der Heiligen Schrift, insbesondere der Briefe des Apostels Paulus, dessen Römerbrief er in seiner Wittenberger Vorlesung ausführlich kommentierte, wie auch des Kirchenvaters Augustin, vor allem seiner antipelagianischen Schriften. Wann genau Luther zu seiner „reformatorischen Entdeckung" kam, ist in der Forschung bis heute umstritten. Während die ältere Forschung zu einer „Frühdatierung" neigte, aufgrund deren schon Luthers Wittenberger Vorlesungen ab 1513 als reformatorisch anzusehen gewesen wären, wurde seit den fünfziger Jahren des 20. Jahrhunderts die These vertreten, dass Luthers frühe Vorlesungen noch von einer „Demutstheologie" geprägt gewesen seien und man erst von 1518 an von einer reformatorischen Position ausgehen könne. Unter Umständen muss der Gedanke ganz aufgegeben werden, man könne einen bestimmten Augenblick der reformatorischen Entdeckung identifizieren, an dem sich klar „vorreformatorisch" und „reformatorisch" im Werk Luthers unterscheiden ließen. In jedem Falle ist, auch wenn man von einem solchen Moment ausgeht, als seine Voraussetzung und Hintergrund auch von einer länger andauernden Entwicklung auszugehen.

So formte sich aus den vielfältigen Impulsen, die Luther im Austausch mit seinen Wittenberger Kollegen weiterentwickelte, eine Theologie, die das (ja auch bei Thomas von Aquin und den Thomisten durchaus vorhandene) Verständnis, dass Grundlage der Heilszueignung an den Menschen allein die Gnade Gottes sei, in einen schroffen Gegensatz zu allen Leistungen des Menschen setzte. Dies zeigt sich etwa in der (5) „Quaestio de viribus et voluntate hominis sine gratia disputata" (Disputationsfrage über die Kräfte und den Willen des Menschen ohne Gnade, 1516), in der Luther das Bild eines im Blick auf sein Heil gänzlich macht- und kraftlosen Menschen entwarf. Dass er dabei als Gegenbild vor allem Gabriel Biels Theologie im Blick hatte, zeigte sich bald schon in der Disputation gegen die scholastische Theologie: Ihre Eingangsthesen machten deutlich, dass es um die Verteidigung einer augustinisch geprägten Theologie ging. Die weiteren Thesen lassen immer wieder erkennen, dass die eigentliche Stoßrichtung der Gestalt von scholastischer Theologie galt, die Luther selbst in Erfurt kennengelernt hatte: der Via moderna, besonders in der Form, die ihr Gabriel Biel auf den Bahnen Ockhams gegeben hatte. Die hier gegeneinander gestellten theologischen Möglichkeiten bildeten dabei durchaus noch unterschiedliche Ausprägungen innerhalb der spätmittelalterlichen Bandbreite. Das gilt, ungeachtet der nach wie vor strittigen Frage der Historizität eines „Thesenanschlags", ebenso für die Thesen gegen den Ablass, die Luther am 31. Oktober 1517 formulierte und deren theologische Basis vor allem ein aufgrund mystischer Theologie vertieftes Bußverständnis war, das gegen bestimmte theologische Positionen, nicht aber gegen die katholische Kirche des späten Mittelalters insgesamt stand.

Die folgenden Jahre brachten eine immer schärfere Konturierung der neu gewonnenen theologischen Einsichten, die die mit einem breiten Strom mittelalterlicher Theologie geteilte Überzeugung von der Angewiesenheit des Menschen auf die Gnade Gottes immer stärker auf die schon in den frühen Vorlesungen Luthers anklingende Überzeugung hin zuspitzte, dass der Alleinigkeit der Gnade als Grundlage des Heils auch eine Alleinigkeit des Glaubens bei der Zueignung des Heils an die Christen entsprechen müsse. Auch wenn das Sola fide sich schon in mittelalterlichen Formulierungen etwa bei (6) Thomas Bradwardine findet, gewann es in dieser Zuspitzung bei Luther doch eine neue Gestalt, insofern die Rechtfertigung allein aus Gnade und allein durch den Glauben zu einer „normativen Zentrierung" von Luthers Theologie führte, in deren Zusammenhang alle theologischen Grundaussagen von diesem Kern aus ableitbar sein sollten und an ihm gemessen werden konnten. Damit gewann Luthers Theologie aus ihrer inneren Entwicklung heraus eine Dynamik, die die Grundlagen der mittelalterlichen Soteriologie wie Ekklesiologie in grundlegender Weise in Frage stellte und damit auf eine Reform nicht nur von einzelnen Missständen, sondern in umfassendem Sinne drängte.

b. Römischer Prozess: Noch ehe die sich aus der Theologie Luthers entwickelnden Konsequenzen in voller Deutlichkeit sichtbar waren, trug die Gestaltung des römischen Prozesses zu einer Verschärfung der Konfrontation bei. Mit Silvester Prierias wurde ein italienischer Theologe mit dem Prozess betraut, der zu den Vertretern eines schroffen Papalismus gehörte. Sein Gutachten dürfte, soweit es sich aus den begleitenden Schriften erschließen lässt, die in den Ablassthesen unter anderem aufgeworfene Frage nach der päpstlichen Autorität in den Mittelpunkt gestellt haben und rückte damit gegenüber den Luther primär bewegenden Fragen der Soteriologie die Ekklesiologie in den Vordergrund. Diese Ausrichtung der am römischen

Prozess Beteiligten prägte auch die weiteren Etappen, so etwa das (7) Verhör vor Kardinal Cajetan am Rande des Augsburger Reichstages 1518, in dessen Verlauf die Frage nach dem Verhältnis von päpstlicher – und damit kirchlicher – und biblischer Autorität aufgeworfen wurde und Cajetan die Beobachtung formulierte, Luther wolle eine neue Kirche bauen. Zu besonderer Brisanz gelangte diese Frage im Jahre 1519 mit der (8) Leipziger Disputation, in deren Verlauf Johannes Eck Martin Luther zu Aussagen trieb, die die Autorität nicht nur des Papstes, sondern auch des Allgemeinen Konzils als oberster Instanz der Gesamtkirche, gemessen an der Autorität der Schrift, in Frage stellten. Die von Luther konstatierte Irrtumsfähigkeit und in Nichtglaubensfragen tatsächlich gegebene Irrtümlichkeit konziliarer Entscheidungen bedeutete eine Infragestellung der Möglichkeit, die Entscheidung von Wahrheitsfragen über die Bibel hinaus an kirchlichen Instanzen festzumachen. So wurde nun in Wittenberg, kenntlich an Melanchthons (9) Baccalaureatsthesen vom 9. September 1519, das Prinzip des Sola Scriptura klar ausgesprochen. Parallel hierzu vollzog sich auch der innerliche Bruch Luthers mit der Papstkirche, deren Haupt er von nun an, erstmals im Dezember 1518 und noch vorsichtig fragend, als den Antichristen ansah, weil er sich – so wie der Papst bei Prierias erschien – über die Heilige Schrift stellte.

c. Öffentliche Debatten: Die Wirkung der Leipziger Disputation (1519) reichte über den Wittenberger Kontext hinaus: So wie schon die (10) Heidelberger Disputation von 1518 im oberdeutschen Raum große Aufmerksamkeit erfahren hatte, wurde die Leipziger Disputation zu einem Signal, das auch etwa vom Zürcher Prediger Huldrych Zwingli wahrgenommen wurde, der seinerseits schon mit seinem Amtsantritt am Großmünster am 1. Januar 1519 mit Reformpredigten begonnen hatte und sich nun durch Auftreten und Wirken Martin Luthers bestätigt sah. So entstand im Südwesten, vornehmlich in den Reichsstädten, eine eigene, weitere Ausgestaltung reformatorischer Theologie, die, mit eigenen Wurzeln vor allem im Humanismus, aber im Falle Zwinglis auch aus dem Scotismus, nicht einfach Luther folgte, von ihm aber vielfach lernte und vor allem auch zu aktivem Handeln ermutigt wurde.

Mit der Klärung der Fronten drängte die Entwicklung auf eine klare Formulierung des reformatorischen Programms. Die von Luther vollzogene Transformation mittelalterlichen Denkens gewann nun eine eigene Ausprägung, die den bisherigen kirchlichen Konsens und mit ihm die im 15. Jahrhundert noch fassbaren Polaritäten innerhalb einer gemeinsamen Kirche verließ. Die Konturen eines möglichen reformatorischen Programms entwickelte Luther in seinen sogenannten reformatorischen Hauptschriften des Jahres 1520. Die (11) Adelsschrift rief den Adel zu einer Reform auf und mit ihr verbunden zu einer Überwindung der „römischen Mauern", durch die in Luthers Augen die Reformunfähigkeit der mittelalterlichen Kirche verfestigt war. Damit war der noch mit den Ablassthesen beschrittene Weg einer Kirchenreform mit Hilfe der hierarchischen Autoritäten der mittelalterlichen Kirche verlassen. Die mittelalterliche Sakramentenlehre unterzog er in (12) *„De captivitate Babylonica"* einer weitreichenden Kritik, die erkennen ließ, dass er sich theologisch von bisherigen Vorstellungen über die Heilsvermittlung löste. Da den von Luther in Aufnahme und Umformung des augustinischen Sakramentenverständnisses entwickelten Kriterien der Verbindung eines Wortes der Verheißung mit einem äußeren Zeichen nur noch Taufe und Herrenmahl, bedingt noch die Buße, standhielten, war ein Neuverständnis etabliert, das mit der bisherigen Lehre nicht mehr in Einklang zu bringen war. Einen letzten Versuch der Werbung um die päpstliche Anerkennung stellte die Freiheitsschrift dar, die aber gleichfalls über den bislang gültigen Rahmen hinausging, insofern sie die Rechtfertigungsbotschaft in ihrer Bedeutung für die „normative Zentrierung" des Glaubens darstellte.

Zum Zeitpunkt von deren Niederschrift war die Bannandrohungsbulle schon in Wittenberg angekommen. Indem Luther den verlangten Widerruf nicht nur verweigerte, sondern bei einer von den Studenten veranstalteten Verbrennung scholastischer und kirchenrechtlicher Lehrbücher auch die Bannandrohungsbulle ins Feuer warf, war der Bruch zwischen seiner Auffassung und der bisherigen kirchlichen Lehre und Praxis symbolisch deutlich. Der Vollzug der Exkommunikation im Jahre 1521 war damit, unabhängig von einer heutigen theologischen und kirchenrechtlichen Bewertung dieses Vorgangs, im prozessrechtlichen Geschehen konsequent. Auch der nächste Schritt, das Wormser Edikt war, innerhalb des gegebenen Rechtssystems konsequent, selbst wenn besondere Absprachen dazu führten, dass der Kaiser vor seinem Erlass Martin Luther Gehör auf dem Reichstag von Worms schenkte. Dass es nicht beim Fall individuellen Rechtsbruchs beziehungsweise individueller Ausgrenzung blieb, hatte damit zu tun, dass nun verstärkt auch politische Instanzen Konsequenzen aus den reformatorischen Lehren Luthers zogen und an einen Umbau von Kirche und Gesellschaft gingen. Damit flossen unterschiedliche Motive zusammen: Die Umsetzung auch außertheologisch begründeter Interessen der Verdichtung von Herrschaft verband sich mit der theologischen Überzeugung, dass die in der Adelsschrift propagierte Vorstellung vom allgemeinen Priestertum aller

Getauften ein solches Handeln begründe, sodass aus der geistesgeschichtlichen Innovation einer in der Rechtfertigungsbotschaft zentrierten Theologie auch eine realhistorische Innovation wurde.

d. *Gesellschaftliche Gestaltung*: Die gesellschaftliche Umsetzung der Reformation setzte zunächst in den Städten, vor allem den Reichsstädten, ein und griff zunehmend auch auf das Land über. Dass die sozialen Forderungen hier in den sogenannten Bauernkrieg mündeten, dessen gewaltsamer Ausdruck für Luther und den Hauptstrom der Reformation nicht akzeptabel war, verstärkte den Zug zur Obrigkeit. Ab 1526, nach dem Ersten Reichstag von Speyer, wurden dann auch die Territorien des Reichs zu Trägern der Reformation. Die spätmittelalterlichen Tendenzen zu einer Stärkung des Laienelementes und die Dezentralisierungskräfte verbanden sich und gewannen durch die reformatorische Theologie eine neue Kraft: Die von Luther aus der Schrift und ihrer Mitte, der Rechtfertigungsbotschaft, gefolgerte Lehre vom allgemeinen Priestertum begründete, warum Laien hier kirchenorganisatorisch handeln durften – und Brüche des geltenden Kirchenrechts in Kauf nehmen konnten. Mit der (13) Ersten Zürcher Disputation kam es 1523 zu einem öffentlichen Ereignis, in dem ein städtischer Rat die Entscheidung über die Legitimität der von Zwingli und seinen Gefährten praktizierten Predigtweise beanspruchte. Der zuständige Bischof von Konstanz war zu dem Ereignis zwar eingeladen und schickte auch einen Gesandten, wurde aber nicht als die entscheidende Instanz akzeptiert. Die Zürcher Disputation gab das Vorbild für zahlreiche andere städtische Reformationen, in denen immer wieder zum Mittel der Disputation gegriffen wurde, um der reformatorischen Botschaft zur Durchsetzung zu verhelfen. Von wenigen Ausnahmen – wie etwa Nürnberg – abgesehen, lagen diese reichsstädtischen Reformationen theologisch nicht vollständig auf der Wittenberger Linie, sondern zeigten insbesondere in der Bilderfrage und der Lehre vom Herrenmahl eigene Kennzeichen, die in den zwanziger Jahren des 16. Jahrhunderts auch zum Streit zwischen Zwingli und Luther und dem gescheiterten (14) Marburger Religionsgespräch führten. Vornehmlich in diesen Städten also formierte sich die Wurzel dessen, was später als eigene reformierte Konfession in Erscheinung trat. Dies lässt sich nicht zuletzt daran beobachten, dass Johannes Calvin die Jahre seines Exils aus Genf in Straßburg verbrachte und von hier wichtige Prägungen in seine zweite, entscheidende Genfer Phase mitnahm, die zur Formierung des eigenen Genfer Gepräges führte.

Das Vordringen politischer Normen gegenüber kirchenrechtlichen Gegebenheiten setzte sich dann fort, als Sachsen und Hessen den

Speyerer Reichstagsabschied, jedem Stand sei es erlaubt, „für sich also zu leben, zu regieren und zu halten, wie ein jeder solches gegen Gott, und käyserl. Majestät hoffet und vertraut zu verantworten" in dem Sinne interpretierten, dass sie reformatorische Maßnahmen durchsetzen dürften. Dies bedeutete Eingriffe in die personellen, rechtlichen und wirtschaftlichen Verhältnisse der Kirche, die faktisch eine Absonderung von der bisherigen Kirche mit sich brachten.

Theologisch war die von Luther und dann zunehmend von Melanchthon hierfür entwickelte Begründung die des Notbischofsamtes der Fürsten: Da aus reformatorischer Sicht die Diözesanbischöfe, an die Luther mit den Ablassthesen 1517 noch appelliert hatte, versagt hatten, war es nun Aufgabe der *praecipua membra* (herausragenden Glieder) der Kirche, die organisatorischen Aufgaben zu übernehmen und die kirchlichen Belange jedenfalls in äußerer Hinsicht zu regeln. Das hervorragende Instrument hierzu wurden die Visitationen, die nun Landesherren anstelle der Diözesanbischöfe durchführten. In diesem Zusammenhang entstanden auch der Kleine und der Große Katechismus Martin Luthers, in denen anhand der tradierten Katechismusstücke der Zehn Gebote, des Glaubensbekenntnisses und des Vaterunsers evangelischer Glauben dargelegt wurde; durch den Gebrauch des Katechismus im Schulunterricht formten diese Texte auf Jahrhunderte hinaus die evangelische Konfessionskultur.

2.3 Das Bemühen um Einigung

Mit dem Augsburger Reichstag von 1530 verbindet sich auch der Versuch von evangelischer Seite das eigene Selbstverständnis so darzulegen, dass es nach Erwartung der Autoren der (15) Confessio Augustana für die Gegenseite akzeptabel sein müsse. Insbesondere das Kirchenverständnis, wie es in CA VII entfaltet wurde, enthielt damit ein Verständigungsangebot, insofern die evangelische Seite als entscheidende Merkmale für wahre Kirchlichkeit die reine Evangeliumspredigt und die rechte Sakramentenverwaltung benannte und eine Einheitlichkeit kirchlicher Riten nicht als notwendig erachtete. Dieses Verständnis markierte wirkungsgeschichtlich freilich auch die Fragen, an denen sich material konfessionelle Differenzen zur Frage des Inhalts der Evangeliumspredigt und des Gebrauchs der Sakramente festmachten. Durch beides war die Bedeutung des Amtes für die Evangelischen begründet, das den Auftrag hatte, das Evangelium zu verkündigen und die Sakramente zu verwalten. Entsprechend machte Artikel XIV die Notwendigkeit des ordinationsgebundenen Amtes für die Kirche deutlich und unterstrich auch dessen Übertragung durch rechtmäßige Einsetzung, wie sie dann bald auch in Wittenberg durch Ordinationen praktiziert wurde. Ein Ringen um Differenz und Einheit im Verständnis des Bischofsamtes angesichts der inzwischen als notwendig erachteten Übernahme kirchenadministrativer Verantwortung durch die Landesherren, zeigt sich in Artikel XXVIII, der neben der Forderung nach Rückführung des Bischofsamtes auf seine geistlichen Grundbestimmungen auch den Gedanken einer Rückkehr unter eine entsprechend reformierte bischöfliche Leitung enthält. Dass dies mehr war als ein situatives Zugeständnis zeigen verschiedene Entwicklungen innerhalb der entstehenden evangelischen Kirche. So schloss das neue Amt des Superintendenten sprachlich als Übersetzung des griechischen ἐπίσκοπος an ein entsprechendes Verständnis des Bischofsamtes an und machte so deutlich, was unter einem auf die geistlichen Aufgaben konzentrierten Bischofsamt zu verstehen sei. In den vierziger Jahren wurden mit Nikolaus von Amsdorff in Naumburg und Georg von Anhalt in Merseburg sogar zeitweise evangelische Amtsträger auf alten Diözesanbischofsstühlen etabliert.

Dies scheiterte aber infolge des Schmalkaldischen Krieges, so wie auch schon 1530 die theologische Bestreitung der Confessio Augustana durch die Confutatio und schließlich ihre Ablehnung durch den Kaiser das reichsrechtliche Scheitern des evangelischen Einheitskonzeptes mit sich brachten, das aber theologisch das bis heute für evangelisches Verständnis von Ökumene prägende Grundmodell evangelischer Katholizität darstellt und in den ökumenischen Verständigungsbemühungen anlässlich des Confessio-Augustana-Jubiläums von 1980 weitreichende Aufmerksamkeit erfuhr.

Im Verlauf der Reformationsgeschichte des 16. Jahrhunderts jedoch kam es zunächst zur Formierung gegnerischer Blöcke. Anfang der vierziger Jahre versuchte Kaiser Karl V. durch (16) Religionsgespräche in Hagenau (Juni / Juli 1540), Worms (November 1540 bis Januar 1541) und Regensburg (April / Mai 1541) eine neuerliche Einigung herbeizuführen. Sie wurden auf beiden Seiten von kompromissbereiten Vertretern geführt und erreichten im Regensburger Buch sogar eine Einigung über die Rechtfertigungslehre, in dem die Anrechnung der Gerechtigkeit durch den Glauben und seine Wirksamkeit durch die Liebe unterschieden wurden. Doch wurde dieser Kompromiss von beiden Seiten schließlich nicht als tragfähig angesehen, und nach kriegerischen Auseinandersetzungen bestand die Lösung für das Reich durch den (17) Augsburger Religionsfrieden von 1555 darin, Römisch-katholische Kirche und die Verwandten der Augsburger Konfession zum gegenseitigen Frieden und damit letztlich zu gegenseitiger Duldung zu verpflichten und die Entscheidung über den Glauben der Bewohner eines Territoriums in die Hand des Landesherren zu legen.

2.4 Die Entstehung der neuzeitlichen Konfessionskirchen

Die Verfestigung der Kirchenspaltung im Reich hatte vielfache politische Gründe, die ihrerseits eine faktische politisch-rechtliche Umsetzung der neuen Theologie darstellten. Sie mündete in eine je nach Konfession unterschiedlich erfolgende Bestimmung einer neuen Basis der eigenen Kirchlichkeit.

Für die Römisch-katholische Kirche war leitend das an die altkirchlichen und mittelalterlichen Regelungsmechanismen anknüpfende Verfahren eines Allgemeinen Konzils. Nachdem alle Konzilsforderungen, wie sie seit dem Ausbruch der Reformation von Anhängern wie Gegnern Luthers vorgetragen wurden, in Rom lange ungehört verhallten, konnte das Konzil schließlich 1545 in Trient eröffnet werden. Es fand in drei Perioden mit jeweils langen Unterbrechungen bis 1563 statt. Das (18) Tridentinum griff die durch die Reformatoren angestoßenen Fragekomplexe auf – vor allem Schrift und Tradition, Kanon der biblischen Bücher, Erbsünde, Rechtfertigung, Eucharistie- und Sakramentenlehre, Ablass, Bilder- und Heiligenverehrung. Es setzte den reformatorischen Positionen Lehren entgegen, die ihrerseits spezifische Präzisierungen von biblischen, altkirchlichen und mittelalterlichen Positionen hierzu darstellten. Gleichzeitig beschloss das Konzil wichtige Reformdekrete, die Grundanliegen der spätmittelalterlichen und reformatorischen Kritik aufnahmen. Vor allem schrieb es die Residenzpflicht für Bischöfe und Pfarrer fest, verbot die Kumulation von Pfründen und bestimmte die regelmäßige Abhaltung von Diözesan- und Provinzialsynoden. Die Bischöfe wurden zu turnusmäßigen Visitationen ihrer Diözesen, zur Errichtung von Seminarien für die Priesterausbildung und zur Aufsicht über die Lebensführung ihres Klerus verpflichtet, die Pfarrer zur Predigt an allen Sonn- und Feiertagen. Ehen durften fortan nur noch öffentlich vor dem dafür zuständigen Pfarrer (oder einem Stellvertreter) und vor zwei Zeugen durch gegenseitige Konsenserklärung geschlossen werden.

Für die katholische Kirche bedeutete das Konzil zunächst eine ihre Lehre verteidigende dogmatische Antwort auf die Herausforderungen der Reformatoren und damit eine Selbstvergewisserung und Festlegung des katholischen Standpunkts. Zugleich brachte es einen wichtigen Reformimpuls für die innerkirchliche Erneuerung, die zwar breiter und in ihren Ursprüngen älter als das Konzil (und die Reformation) war, jetzt aber ihre volle Kraft zu entfalten begann. In der Folge prägte das Konzil von Trient maßgeblich die Gestalt der katholischen Kirche über Jahrhunderte bis zum Zweiten Vatikanischen Konzil. Da der Konfessionsbildungsprozess im lutherischen und reformierten Einflussbereich zur Zeit des Konzils bereits weit fortgeschritten war, kam es in Trient aus verschiedenen Gründen zu keinen gemeinsamen Verhandlungen mehr, sondern zur dogmatischen Abgrenzung in den durch die Reformatoren aufgeworfenen Glaubensfragen. Die Beschlüsse des Konzils trugen jedoch erst im Laufe ihrer Rezeption zur Zementierung der Konfessionalisierung bei. Gleichwohl war die katholische Kirche entgegen ihrer Ekklesiologie und ihrem Selbstverständnis faktisch mit Trient eine Konfessionskirche geworden. Ausdruck hierfür waren vor allem das auf den Konzilsbeschlüssen basierende Tridentinische Glaubensbekenntnis (19) („*Professio fidei tridentina*") von 1564, das fortan von allen kirchlichen Mitarbeitern zum Erweis katholischer Rechtgläubigkeit abzulegen war und diese auf den Gehorsam gegenüber dem Papst verpflichtete, sowie der Römische Katechismus von 1566, der Pfarrern und Kaplänen einen Überblick über die katholische Glaubenslehre bot und wesentlich zur Verbreitung und Popularisierung der Konzilslehren beitrug.

Eine Bestimmung der eigenen Identität erfolgte im Luthertum vor allem durch die Definition und Sammlung von Bekenntnisschriften – zu denen auch die schon genannten Katechismen und vor allem die Confessio Augustana gehörten. Einen wichtigen Impuls zur Formierung als eigene Konfessionskirche bedeutete der Erlass des (20) Augsburger Interims 1548, das den Evangelischen nur in sehr begrenztem Maße Zugeständnisse machte – lediglich Priesterehe und Herrenmahl unter beiderlei Gestalt – und die Frage aufwarf, was wesentlich und was nur beiläufig (als Adiaphoron) zur evangelischen Kirche gehöre. Die folgenden Jahrzehnte waren auch nach Aufhebung des Interims und Abschluss des Religionsfriedens 1555 vom Bemühen um eine Selbstdefinition des Luthertums bestimmt, die schließlich in einen vorläufigen Abschluss der Konfessionsbildung durch Konkordienformel (1577) und Konkordienbuch (1580) führten. Damit besaß das Luthertum Schriften, anhand deren sich die eigene Identität bestimmen ließ. Als „norma normata" (bestimmte Norm) verstehen sie sich als Folgerung aus der Heiligen Schrift und sind ihr als der „norma normans" (bestimmende Norm) und entscheidendem Maßstab untergeordnet. Das schließt auch die gemeinchristlichen altkirchlichen Bekenntnisse ein.

Mit der positiven Definition des Luthertums verbanden sich auch Abgrenzungen, unter anderem von der entstehenden reformierten

Konfession. Schon mit dem Consensus Tigurinus hatten sich 1549 im Schatten des Augsburger Interims Zürcher und Genfer Reformation auf ein gemeinsames Herrenmahlsverständnis geeinigt. Calvin legte dabei stets Wert darauf, der Intention Martin Luthers gerecht zu werden. Dieser Anspruch wurde aber in dem von Joachim Westphal angestoßenen Abendmahlsstreit von lutherischer Seite abgewiesen und somit den Reformierten die Zugehörigkeit zu einer gemeinsamen Konfession und in rechtlicher Hinsicht der reichsrechtliche Schutz der Augsburger Konfessionsverwandtschaft verweigert. Wie schon in den Anfängen der Reformation insgesamt kamen so selbstbestimmende Kräfte und von außen kommende Abgrenzungsmechanismen zusammen, und es formierte sich eine eigene reformierte Konfession. Ihre Protagonisten einte das Bemühen um eine noch konsequentere und wirksamere Fortführung und Ausgestaltung der Reformation der Kirche. Gleichwohl schälten sich von Region zu Region jeweils charakteristische Besonderheiten heraus, die es nahelegen, einen zwinglianisch, calvinisch und melanchthonisch geprägten Typus des (21) Reformiertentums zu unterscheiden. Letzterer prägte mit der Kirchenordnung der Kurpfalz und dem Heidelberger Katechismus (1563) zunächst die Entwicklungen in Deutschland und fand dann über den Katechismus eine weltweite Rezeption. Calvins Denken gelangte über die „Confession de Foy" (1559), die Confessio Scotica (1560) und die Emder Kirchenordnung (1571) zu westeuropäischer Ausstrahlung, der mit den Bekenntnissen von Erlauthal (1562) und Debrecen (1567) eine solche nach Mittelosteuropa korrespondierte. Eine derartige Pluralität der Bekenntnisbildung blieb für den Reformierten Protestantismus charakteristisch. Seine internationale Gemeinschaft manifestierte sich nur gelegentlich auch auf konziliarer Ebene, so zum Beispiel auf der Synode von Dordrecht 1618/9, die eine prominente (keineswegs von allen Reformierten bejahte) Lehrentscheidung zur Prädestinationslehre formulierte. Der reformierte Protestantismus sah sich in einem von der exklusiven Bindung an die Heilige Schrift bestimmten Rahmen der Gemeinsamkeit, dessen Flexibilität im Sinne einer fortdauernden Perspektive je aktueller Bekenntnisformulierungen höher war als die konziliaren und bekenntnisschriftlichen Festlegungen auf römisch-katholischer und auf lutherischer Seite.

Durch diese Entwicklungen war in der zweiten Hälfte des 16. Jahrhunderts aus der von Polaritäten und Spannungen bestimmten, letztlich aber doch als ein gemeinsames Corpus christianum konstituierten lateinischen Kirche des Mittelalters eine für Europa neue Gestalt von nebeneinander existierenden Konfessionskirchen geworden. Zu den beschriebenen Entwicklungen der Römisch-katholischen, der lutherischen und der reformierten Kirche kommt noch die Entstehung der anglikanischen Kirche, die zunächst ihre Impulse vor allem aus dem Bedürfnis des englischen Königs nach Verselbständigung der Kirche seines Landes gegenüber päpstlicher Oberhoheit gewann, sich dann aber ab Mitte des Jahrhunderts theologisch verstärkt an die reformierte Tradition anlehnte, freilich unter Wahrung der aus dem Mittelalter tradierten Amtsstruktur. Jenseits der konfessionellen Großkirchen entstanden zudem Gemeinschaften auf dem Boden des Täufertums und des Spiritualismus, in denen sich der für die spätere internationale Entwicklung bedeutsame Typus der Freikirche formierte. Historisch gesehen, war das Erbe des Reformationszeitalters das Neben- und Gegeneinander von Kirchen, die jeweils für sich in unterschiedlicher Weise den Anspruch erhoben, die eine christliche Wahrheit in der einzig angemessenen Weise zu verkünden und damit in eine Konkurrenz eintraten, die dem jeweils anderen nicht nur die Fülle der Erkenntnis, sondern auch die Fülle des Heils bestritt.

3. Systematische Perspektiven

3.1 Reformation als theologische Kategorie

Die Reformation des 16. Jahrhunderts kann man unter verschiedenen Blickwinkeln betrachten. Obwohl die reformatorischen Bewegungen jener Epoche sich zuerst und entscheidend auf die Erneuerung einer reformbedürftig gewordenen Kirche konzentriert haben, hat der von der Reformation ausgelöste und mit ihr verbundene epochale Umbruch auch enorme politische, gesellschaftliche und kulturelle Wirkungen entfaltet. Sie haben die europäische Geschichte des 16. und 17. Jahrhunderts geprägt und reichen bis in die Gegenwart. Bei der Frage nach der Bedeutung der Reformation können sie nicht ausgeklammert werden.

Wer jedoch die Reformation und ihre Wirkungen in ökumenischer Perspektive betrachtet, wird zuerst nach ihrer Bedeutung für die Geschichte, Gegenwart und Zukunft der Christenheit zu fragen haben. Er steht vor der schmerzlichen Tatsache, dass sich in der Reformation die Wege der abendländischen Christenheit getrennt haben. Zwar hatten Luther, Zwingli und Calvin eine Spaltung der Kirche nicht beabsichtigt. Ihnen war es ursprünglich um die Erneuerung der *einen* katholischen Kirche gegangen, als deren Glieder sie sich verstanden. Dennoch kam es – zum Teil unter dramatischen Umständen – zum Verlust der kirchlichen Einheit, zu gegenseitigen Verwerfungen und zu einer konfessionellen Ausdifferenzierung, die über mehrere Jahrhunderte als unversöhnte Verschiedenheit erlebt und erlitten worden ist.

Der ökumenische Aufbruch des 20. Jahrhunderts hat hier zu ermutigenden Annäherungen geführt. Er hat wichtige Voraussetzungen dafür geschaffen, dass sich Christen und Kirchen über die konfessionellen Grenzziehungen hinweg in gegenseitigem Respekt begegnen. Das versetzt sie in die Lage, nun auch gemeinsam zu fragen und zu klären, was die Reformation für ihren künftigen Weg und ihre Schritte zur Einheit der Kirche Jesu Christi bedeuten kann.

Eine solche in ökumenischer Verantwortung vorgenommene Betrachtung der Reformation wird von der Intention der Reformatoren ausgehen, nicht die christliche Kirche zu verlassen, sondern sie im Geiste des Evangeliums zu erneuern. Das die Reformation auslösende und vorantreibende Moment des Reformatorischen muss gerade auch im Verständnis der Kirche gesucht werden und von daher konzentriert als *theologische* Kategorie bedacht und ekklesiologisch reflektiert werden.

Bei diesem Vorgehen erscheint das Reformatorische als Ensemble von Impulsen, die der Christusbindung der Kirche dienen wollen: Die von ihrer Christusbindung entfremdete Kirche soll jenen Zustand erreichen, in dem sie sich ganz bei Jesus Christus als ihrem Grund und Ursprung befindet. So hat die altprotestantische Reflexion dessen, was Reformation bedeutet, größten Wert auf die Wiederherstellung der Integrität der Kirche gelegt: (22) „Est autem reformatio ecclesiae a debita perfectione deflexae a vitiis repurgatio, et ad genuinam formam revocatio"– „Reformation aber ist die Reinigung der von der geschuldeten Vollkommenheit abgewichenen Kirche von ihren Fehlern und Rückführung zu ihrer echten Gestalt" (Hieronymus Quantzius, 1606). Reformation wird hier als eine Umkehrbewegung, ja Bußbewegung verstanden: Die Kirche, die immer wieder in der Versuchung steht, von ihrer genuinen Form, von ihrer Authentizität als Kirche Jesu Christi, abzuweichen oder abzufallen, soll durch reformatorisches Handeln zu ihrem Ursprung zurückgeführt und aus ihrem Ursprung in Jesus Christus heraus die ihr verlorengegangene Authentizität zurückerhalten.

3.2 Die Attribute der Kirche als Kriterien ihrer Erneuerung

Aber worin besteht die echte Gestalt der Kirche? Zunächst liegt es nahe, die *genuina forma ecclesiae* (ursprüngliche Gestalt der Kirche) in der Kirche des Anfangs zu suchen, an deren Gestalt dann die jeweils erfahrbare Kirche zu messen ist. So haben sich kirchliche Erneuerungsbewegungen sehr häufig auf die apostolische Ursituation berufen und von ihr her die kirchlichen Zustände ihrer Zeit kritisiert. Auch die Reformatoren haben sich bei ihrer Kirchenkritik an den ekklesiologischen Vorstellungen des Neuen Testaments orientiert und von dorther die Grundsätze der Erneuerung zu gewinnen versucht. So wichtig dieser Rückblick auch ist, er reicht nicht aus, weil dabei der Ursprungsaspekt einerseits als geklärt vorausgesetzt und andererseits isoliert wird und die Erfahrungen des geschichtlichen Wandels, dem die Kirche ausgesetzt ist, und die sich damit stellenden Aufgaben nicht berücksichtigt werden.

So kann die Rückführung der Kirche auf ihre genuine Gestalt nicht in einer formalen Reproduktion der Kirche des apostolischen Zeitalters bestehen. Das haben auch die Reformatoren gesehen. Schon für sie war der Ursprung keine historische, sondern eine *präsentische* Kategorie. Ursprung der Kirche ist das sich jeweils in Kontinuität zur Kirche des Anfangs *neu* vergegenwärtigende Christusgeschehen, das konkreten Menschen in einer konkreten Zeit in Wort und Sakrament bezeugt wird. Die *genuina forma ecclesiae* zeigt sich nicht in einer alles Geschichtliche abstreifenden Reproduktion der Kirche des Anfangs. Sie wird darin sichtbar, dass die Kirche in ihrer jeweils konkreten geschichtlichen Konstellation authentisch als Leib Christi in Erscheinung treten kann und sich kritisch mit den Widerständen auseinanderzusetzen vermag, die einem solchen In-Erscheinung-Treten im Wege stehen.

Klar und eindeutig manifestiert sich die *genuina forma ecclesiae* des Leibes Christi in den Wesensattributen der Kirche: in ihrer Einheit, Heiligkeit, Katholizität und Apostolizität. Die Wesensattribute verweisen jeweils auf Jesus Christus als den unverfügbaren Ursprung und Grund der Kirche. In allen Formen ihrer Gestalt soll zum Ausdruck kommen, dass es sich bei ihr um die eine, heilige, katholische und apostolische Kirche handelt. Die Erfahrung lehrt, dass dies in der empirischen Existenz der geschichtlichen Kirchen immer wieder anders verstanden und realisiert wird.

Einheit und Katholizität werden unter geschichtlichen Bedingungen nicht so erfahren, dass sie sich auf das Miteinander und die gelebte Gemeinschaft der Christen auswirken. Die Einheit der Kirche wird dadurch bedroht, dass die in Christus gegebene Gemeinschaft aus dem Blick gerät und partikulare Eigeninteressen in den Vordergrund drängen. Sie wird durch die Versteifung auf konfessionelle, nationale, ethnische, soziale, kulturelle und mit der Geschlechtszugehörigkeit verbundene Unterschiede in Mitleidenschaft gezogen. Wo legitime

Verschiedenheiten in einer Uniformierung zu wenig Raum erhalten oder unzulässige Ausgrenzungen geschehen, da wird die Katholizität der Kirche bedroht. Ihre Apostolizität wird dadurch belastet, dass sich die Zeugnispraxis der Kirche von ihrem Ursprung in der apostolischen Überlieferung entfernt oder ihr sogar zuwiderläuft. Das Attribut ihrer Heiligkeit weist die Kirche in ihrer geschichtlichen Existenz zu jeder Zeit ein in die Auseinandersetzung mit ihrem Versagen.

Besonders aus der Betrachtung des Attributs der Heiligkeit erwächst die Einsicht, dass Christen und Kirchen immer wieder zur Umkehr gerufen sind. Nach der Ekklesiologiestudie der Gemeinschaft der Evangelischen Kirchen in Europa (GEKE) ist die Kirche insofern heilig, als (23) „Gott in Christus die Macht der Sünde überwunden hat, Menschen im Geist durch den Zuspruch der Vergebung heiligt und sie so zur Gemeinschaft der Heiligen verbindet" (Die Kirche Jesu Christi, S. 26). Heiligkeit ist „Gabe Gottes an die Kirche als Gemeinschaft gerechtfertigter Sünder" (AaO, S. 27). Von daher bietet es sich an, Reformation in ihrem Kern als die Umkehrbewegung der Kirche zu Jesus Christus als ihrem Herrn zu verstehen. In theologischer Hinsicht muss Reformation als ein Vorgang begriffen werden, der darauf angelegt ist, die Kirche so deutlich und authentisch wie möglich als Kirche Jesu Christi erkennbar werden zu lassen. Reformatorisch sind demzufolge alle Aktionen zur Erneuerung der Kirche, in denen die Einheit, Heiligkeit, Katholizität und Apostolizität der Kirche gestaltend wirksam werden und neu zum Leuchten kommen.

Ein modernes Beispiel für eine solche Umkehrbewegung in der Geschichte der evangelischen Christenheit ist die Barmer Theologische Erklärung von 1934, in der die Synodalen der Bekennenden Kirche in Deutschland in einer Situation höchster kirchlicher Selbstentfremdung die entschlossene Umkehr zum Ursprung der Kirche vollziehen wollten – zu Jesus Christus als dem einen Wort Gottes, (24) „das wir zu hören, dem wir im Leben und im Sterben zu vertrauen und zu gehorchen haben" (Barmen I).

3.3 Ecclesia est semper reformanda et purificanda ("Die Kirche muss immer reformiert und gereinigt werden")

Das wahre Wesen der Kirche ist keine verfügbare Gegebenheit. Es wird durch die Fehlbarkeit des menschlichen Handelns immer wieder verdunkelt. Aber es kann durch die Ausrichtung des menschlichen Handelns auf Jesus Christus glaubwürdig bezeugt werden. So ist die Frage, ob die erfahrbare Kirche ihrem Wesen als der *una sancta catholica et apostolica ecclesia* („einen, heiligen, katholischen und apostolischen Kirche") entspricht und in allen ihren Lebensäußerungen in ihr verankert ist, der Kirche aufgegeben; sie darf deshalb zu keiner Zeit verstummen. Dies zu verdeutlichen ist die Aufgabe der Losung *ecclesia est semper reformanda,* die in der Mitte des 20. Jahrhunderts in den reformatorischen Kirchen aufgekommen ist. Ähnlich und nicht ohne Bezug auf diese Losung hat man auf dem Zweiten Vatikanischen Konzil formuliert: „Ecclesia [...] sancta simul et semper purificanda, poenitentiam et renovationem continuo prosequitur." („Die Kirche [...] ist zugleich heilig und stets der Reinigung bedürftig, sie geht immerfort den Weg der Buße und Erneuerung." [Lumen Gentium 8]). Von der Textgenese her darf man den Bezug zu *ecclesia semper reformanda* und zu den reformatorischen Kirchen durchaus mithören. Der Aufbruch des Zweiten Vatikanischen Konzils wird von der Erkenntnis getragen, dass die Kirche von Christus zur „dauernden Reform gerufen ist" („Ecclesia in via peregrinans vocatur a Christo ad hanc perennem reformationem [...]" [Unitatis Redintegratio 6]).

Die Erneuerung der Kirche aus dem Geist des Evangeliums ist längst kein Spezifikum der Kirchen der Reformation mehr. Christi Ruf zur „dauernden Reform" ist nicht an die Grenzen der Konfession gebunden. Im gemeinsamen Hören auf Christi Ruf werden die getrennten Kirchen zusammengeführt. Deshalb können wir heute ökumenische Offenheit und ökumenische Gemeinschaft als beispielhaft herausragende Wesenszüge des Reformatorischen charakterisieren. Das Bemühen um ökumenische Verständigung und ökumenischen Fortschritt weiß sich dem Ziel verpflichtet, dass Einheit, Heiligkeit, Katholizität und Apostolizität der Kirche zu konfessionsübergreifenden Grunderfahrungen werden, in denen die entzweite Christenheit Kirchengemeinschaft erfährt und auf Wegen der Einheit geht.

Das *ecclesia est semper reformanda et purificanda* impliziert beides: das Moment der Reformation und das Moment der Reform. Trotz der Wortverwandtschaft und einer sich kreuzenden Wortgeschichte sollte also zwischen Reformation und Reform unterschieden werden. Reformation zielt auf die Gestaltwerdung der Wesensattribute und damit die Erneuerung der Kirche. Reformen zielen auf die erneuernde Gestaltung des kirchlichen Lebens – auf Änderungen in Organisation, Praxis und Struktur. Reformen dürfen einen Zug ins Pragmatische haben. Aber auch für Reformen gilt, dass man sie nicht ohne Belehrung durch die Heilige Schrift, ohne Gebet und ohne Theologie angehen kann. Hier fungieren die Wesensattribute der Kirche dann als Kriterien konkreten kirchlichen Gestaltens. Daher sind gelingende Reformen auf lebendige reformatorische Impulse angewiesen und unmittelbar von ihnen abhängig.

3.4 Konfessionelle Spezifika und Konvergenzen

Über die prinzipielle Bedeutung der Wesensattribute der Kirche für das Verständnis des Reformatorischen lässt sich heute mühelos ein überkonfessioneller Konsens erreichen. Die Überzeugung, dass die Kirche in Jesus Christus gegründet ist und ihre Vollmacht und Vitalität aus der damit verbundenen Umkehr zum Herrn der Kirche empfängt, wird allgemein geteilt und von niemandem ernsthaft in Frage gestellt. Gleiches gilt für die Einsicht, dass die Wesensattribute der Kirche durch das Verhalten der Kirche verdunkelt werden können und die Kirche deshalb immer wieder der Erneuerung bedarf.

Im Verständnis der Wesensattribute der Kirche treten jedoch an bestimmten Stellen konfessionelle Spezifika hervor, die ihrerseits dann auch bestimmte Divergenzen implizieren können. Einheit, Heiligkeit, Katholizität und Apostolizität der Kirche werden unterschiedlich bestimmt. Was sie in concreto besagen, wird maßgeblich durch die jeweils leitende Ekklesiologie vorgeprägt. Ein überkonfessioneller Zugang zu einem gemeinchristlichen theologischen Begriff von Reformation setzt auf jeden Fall Annäherungen im Kirchenbegriff voraus.

Jede Ekklesiologie steht vor der Aufgabe, zwischen dem von Gott in Jesus Christus durch den Heiligen Geist gelegten Grund der Kirche und ihrer geschichtlichen Gestalt zu unterscheiden und so aufeinander zu beziehen. Gottes offenbare Wirklichkeit und das heilsmittlerische Wirken des Geistes Jesu Christi sind allem kirchlichen Tun vorausgesetzt auch und vor allem in den zentralen Handlungsvollzügen von Wortverkündigung und Sakramentsverwaltung. Die Kirche handelt gottesdienstlich in der österlich-pfingstlichen Gewissheit, dass der in Wort und Sakrament bezeugte Jesus Christus sich durch die Heilsmedien in der Kraft des göttlichen Geistes selbst zu bezeugen vermag, um sich so als Haupt seiner Gemeinde und all ihrer Glieder zu erweisen.

Als ihr personaler Wirk- und Erhaltungsgrund ist Jesus Christus seiner Kirche aufs Engste und Innigste verbunden. Eine Trennung von Haupt und Gliedern ist ekklesiologisch ausgeschlossen. Der auferstandene Gekreuzigte will im göttlichen Geist durch Wort und Sakrament ganz eins sein mit seiner Kirche, um alle ihre Glieder durch Vereinigung mit ihm durch das Band der Liebe zu verbinden. Auch in dieser ekklesiologischen Überzeugung stimmen unsere Kirchen überein. Differenzen ergeben sich erst bei einer Näherbestimmung des Verhältnisses von Christus und Kirche und in Bezug auf die Bedeutung, die dem kirchlichen Amt und seinen Gliederungsformen in dieser Hinsicht zuzuerkennen ist.

Die Kirchen der Reformation heben besonders hervor, dass die Kirche in ihrem Selbstverständnis und in ihrer Selbstdarstellung das kirchengründende Handeln des dreieinigen Gottes nicht in den Schatten stellen darf: „Ecclesia enim nascitur verbo promissionis per fidem [...] Verbum dei enim supra Ecclesiam est incomparabiliter, in quo nihil statuere, ordinare, facere, sed tantum statui, ordinari, fieri habet tanquam creatura. Quis enim suum parentem gignit?" (Die Kirche nämlich wird durch das Wort der Verheißung durch den Glauben geboren [...] Das Wort Gottes nämlich steht in unvergleichlicher Weise über der Kirche. In ihr als [Gottes] Geschöpf hat nämlich Festsetzen, Ordnen, Machen keinen Raum, sondern nur festgesetzt Werden, geordnet Werden und gemacht Werden. Wer nämlich gebiert seinen Erzeuger?"; WA 6, 560, Z. 33–561, Z. 1). Das Geschehen, das allem menschlichen Reagieren und Agieren souverän vorausgeht und Kirche zur Kirche macht, ist das rechtfertigende, befreiende Handeln Gottes in Jesus Christus, das in der Predigt des Evangeliums bezeugt und mit Taufe und Abendmahl gefeiert wird.

Auch die katholische Ekklesiologie unterscheidet zwischen dem Handeln Gottes und dem Handeln der Menschen. Aber sie betont doch stärker ihren Zusammenhang und verschränkt beides im vielfältigen Zeugnis der Kirche, in ihrem liturgischen Handeln und in ihrem Dienst an der Welt: „Die mit hierarchischen Organen ausgestattete Gesellschaft und der geheimnisvolle Leib Christi, die sichtbare Versammlung und die geistliche Gemeinschaft, die irdische Kirche und die mit himmlischen Gaben beschenkte Kirche sind nicht als zwei verschiedene Größen zu betrachten, sondern bilden eine komplexe Wirklichkeit, die aus menschlichem und göttlichem Element zusammenwächst. Deshalb ist sie in einer nicht unbedeutenden Analogie dem Mysterium des fleischgewordenen Wortes ähnlich." (Lumen Gentium 8). Daher betont die katholische Kirche zwar die Kontinuität der kirchlichen Überlieferung mit den apostolischen Anfängen (Dei Verbum 8), sie weiß jedoch auch um deren Gefährdung (Lumen Gentium 8, Unitatis Redintegratio 4. 6), und betrachtet das Gehaltensein in der Wahrheit und das Wachstum des Leibes Christi als Gabe des göttlichen Geistes (vgl. Lumen Gentium 8 und 12).

Das evangelische Verständnis von *reformatio* findet neben dem *sola scriptura* in denjenigen *particulae exclusivae*, die das Rechtfertigungsgeschehen beschreiben, ihren alles entscheidenden Maßstab: *solus* Christus, *solo* verbo, *sola* gratia, *sola* fide. Diese sollen der exklusiven Heilstat Gottes den ihr gebührenden und zum Heil des Menschen unerlässlichen Raum verschaffen. Das Reformatorische gründet im unverkürzten *solus Christus* und führt zu ihm hin. Das *solus Christus* expliziert und konkretisiert sich in verschiedenen Richtungen: S*ola gratia* empfängt der Mensch *solo verbo* die Rechtfertigung und *sola fide* kann er sich zu dem ihn rechtfertigenden Gott flüchten und vor ihm bestehen. Das *sola scriptura* will die hermeneutische Regel für die hinreichende und klare Erkenntnis des *solus Christus* und mit ihm des *sola gratia* und des *sola fide* bieten.

Heute besteht Einverständnis zwischen Katholiken und Protestanten im Blick auf den positiven Aussagesinn dieser *particulae exclusivae* und ihre soteriologische Bedeutung: (25) „Allein aus Gnade im Glauben an die Heilstat Christi, nicht aufgrund unseres Verdienstes, werden wir von Gott angenommen und empfangen den Heiligen Geist, der unsere Herzen erneuert und uns befähigt und aufruft zu guten Werken." (GER 15).

Auf diesem Hintergrund erweist sich der Rechtfertigungsartikel als zentrales Kriterium des Kirchenverständnisses, das nach evangelischem Verständnis alle anderen Kriterien leitet: (26) „Die ‚Rechtfertigungslehre' wird damit zum kritischen Maßstab, an dem sich jederzeit überprüfen lassen muß, ob eine konkrete Interpretation unseres Gottesverhältnisses den Namen ‚christlich' beanspruchen kann. Sie wird zugleich zum kritischen Maßstab für die Kirche, an dem sich jederzeit überprüfen lassen muß, ob ihre Verkündigung und ihre Praxis dem, was ihr von ihrem Herrn vorgegeben ist, entspricht." (Lehrverurteilungen – kirchentrennend? I, 75, Z. 26–31).

Im Hinblick auf die herausgehobene Stellung des Rechtfertigungsartikels lassen sich inzwischen bemerkenswerte ökumenische Annäherungen verzeichnen. So betrachtet die „Gemeinsame Erklärung zu Rechtfertigungslehre" die Rechtfertigungslehre als „ein unverzichtbares Kriterium, das die gesamte Lehre und Praxis der Kirche unablässig auf Christus hin orientieren will" (GER 18). Auch wenn sich Katholiken im Unterschied zu Lutheranern „von mehreren Kriterien in Pflicht genommen sehen, verneinen sie nicht die besondere Funktion der Rechtfertigungsbotschaft" (GER 18). Für die ökumenische Klärung der Frage, was Reformation heute bedeutet, ist das ein nicht zu unterschätzender Fortschritt.

Die Wege der abendländischen Christenheit, die im 16. Jahrhundert auseinandergingen, haben sich im Laufe des vergangenen Jahrhunderts in hoffnungsvoller Weise einander angenähert, berührt und verbunden. Die konfessionelle Polyphonie christlichen Zeugnisses und Dienstes in der Welt der Gegenwart kann man heute – sofern sie nicht mit gegenseitiger Verurteilung oder Fundamentalkritik verbunden ist – auch als Ausdruck der Gabenvielfalt des *einen* Leibes Christi verstehen und darauf hoffen und sich dafür einsetzen, dass die jetzt schon erreichte Geschwisterlichkeit der einzelnen Kirchen und Gemeinden in der *einen* Kirche Jesu Christi auch immer deutlicher zur sichtbaren Einheit gelangt.

4. Ökumenische Herausforderungen

4.1 Wahrnehmungen

4.1.1 Konfessionelle Pluralität

Aus ökumenischer Perspektive ist eine Auseinandersetzung mit den Anliegen der Reformation in der gesamten Christenheit erforderlich. Im Gefolge des 16. Jahrhunderts hat sich eine Vielfalt an konfessionellen Traditionen gebildet, die in einem komplexen inneren Zusammenhang stehen. In den reformatorischen Kirchen haben sich weitere neue Gemeinschaften gebildet. In einem bis heute nicht abgeschlossenen Prozess hat die Reformation zu einer konfessionellen Differenzierung innerhalb des Christentums beigetragen, die es in diesem Ausmaß bis zu diesem Zeitpunkt nicht gab. Nicht immer ist dieser Prozess friedlich verlaufen. Gemeinsam blicken die Kirchen mit Scham auf Formen der Gewaltausübung in ihrer Geschichte zurück.

Ein markanter Unterschied zwischen dem 16. Jahrhundert und der Gegenwart besteht darin, dass heute die Beziehung zwischen den evangelischen Kirchen und der Römisch-katholischen Kirche nicht mehr nur ein europäisches Thema ist. Die regionalen konfessionellen Prägungen sind weltweit sehr unterschiedlich. In manchen Regionen konnten konfessionelle Milieus über lange Zeiten hin bewahrt werden. Durch Flüchtlingsbewegungen, Migration und berufliche Mobilität sind auch viele Regionen konfessionell, ja, religiös nicht mehr homogen. Ungewiss ist, wie sich die heute gesteigerte Mobilität der Menschen auf die noch bestehenden konfessionellen Milieus auswirken wird. Prognostiziert wird eine fortschreitende Pluralisierung der Lebenswirklichkeit von Christinnen und Christen sowie der Kirchen weltweit. Gemeinsam stehen die Kirchen vor der Frage, ob die zunehmende religiöse Pluralisierung und Individualisierung auch zu einer Steigerung der Säkularisierung der Gesellschaften und einer Abnahme der kirchlichen Bindung der Christinnen und Christen führen wird, oder ob in der Pluralisierung auch eine Chance für eine Neuorientierung im gemeinsamen christlichen Glauben liegt.

Ökumene ist ein Lernprozess auch im Umgang mit Mehrheiten und Minderheiten. Insbesondere die Römisch-katholische Kirche steht in der Versuchung, ihre hohe quantitative Präsenz zum Anlass zu nehmen, sich selbst zu genügen. Nicht ohne Irritation wird gerade in der Römisch-katholischen Kirche (aber auch in traditionellen evangelischen Kirchen) derzeit wahrgenommen, dass pentekostale und evangelikale Strömungen weltweit sehr viel Zuspruch erfahren und die vertrauten konfessionellen Verhältnisse sich verändern.

Oft bilden Kirchen, die in einer Region marginal sind, in anderen Regionen der Welt die Mehrheit. In manchen Regionen, wie z.B. in Ostdeutschland, befinden sich die christlichen Kirchen dagegen insgesamt in der gesellschaftlichen Minderheit. Dies gilt global gesehen für viele Gesellschaften. Dann stellen sich das Thema der quantitativen Verhältnisse zwischen den Kirchen und die Frage ihrer Kooperation nochmals auf eigene Weise und mit besonderer Dringlichkeit.

Im Blick auf Europa hat die 2001 von der „Konferenz Europäischer Kirchen" (KEK) und dem Rat der Europäischen Bischofskonferenzen (CCEE) unterzeichnete Charta Oecumenica eine Selbstverpflichtung zur Achtung der Vielfalt der christlichen Traditionen zum Ausdruck gebracht: (27) „Wir verpflichten uns, Selbstgenügsamkeit zu überwinden und Vorurteile zu beseitigen, die Begegnung miteinander zu suchen und füreinander da zu sein" (ChOe II.3). Dies bedeutet auch, „die Rechte von Minderheiten zu verteidigen und zu helfen, Missverständnisse und Vorurteile zwischen Mehrheits- und Minderheitskirchen [...] abzubauen" (ChOe II.4).

Für die jeweilige Majorität entsteht die Gefahr, sich in einer konfessionellen Selbstgenügsamkeit zu gefallen. Oft sind die Kenntnisse der Geschichte und der Theologie anderer Kirchen sehr begrenzt. Vielfach geschieht die religiöse Sozialisation in einer christlichen Familie, in einer örtlichen Gemeinde und in den Schulen noch immer ohne frühe ökumenische Begegnungen. Die lange Zeit der Vorbereitung auf das Gedenkjahr der Reformation 2017 ist für alle Angehörigen der Kirchen eine Gelegenheit, sich intensiv mit den theologischen Gründen zu befassen, die 1517 eine öffentliche theologische Auseinandersetzung über die wahre christliche Lehre und Praxis ausgelöst haben. Eine solche Bildungsarbeit könnte heute auch einseitige Schuldzuweisungen vermeiden helfen und den Blick auf die Zukunft in gemeinsamer christlicher Verantwortung für die Verkündigung des Evangeliums richten.

In der Ökumene verbindet sich die Besinnung auf die eigene konfessionelle Identität mit der Bereitschaft, sich wechselseitig anfragen und inspirieren zu lassen. Es ist dabei eine Herausforderung, die Stärken der verschiedenen anderen kirchlichen Traditionen wahrzunehmen und zu würdigen, aber auch in der Kritik konstruktiv zu bleiben.

Für die ökumenische Frage und das Interesse an den anderen Kirchen sensibilisieren insbesondere lebensgeschichtlich bedeutsame Begegnungen zwischen Menschen unterschiedlicher Konfessionszugehörigkeit. Das Zusammenleben in Familien, Dörfern und Städten ist der eigentliche Ort der Ökumene. Gerade in Ehen und Familien, in denen evangelische und römisch-katholische Christen zusammenleben, die ihr Leben bewusst christlich gestalten, ist die konfessionelle Differenz prägend. Im Blick auf diese Christinnen und Christen in konfessionsverbindenden Ehen und Familien, aber auch im Blick auf alle ihre Mitglieder stellt sich für die Kirchen die gemeinsame Bildungsaufgabe, über die Reformation und ihre Folgen zu informieren.

Ein gelungenes Beispiel für einen dynamischen interkonfessionellen Interaktionsprozess zwischen Reformation und Gegenwart bietet die Geschichte der Kirchenmusik. Darauf weist die überkonfessionelle Bedeutung J. S. Bachs und W. A. Mozarts ebenso hin wie das heute gemeinsame Kirchenliedgut. Die Geschichte der Kirchen seit der Reformationszeit zeigt, wie es aus vielerlei guten Gründen zur Bildung von konfessionellen Eigenarten in den Liturgien, in den Theologien, im diakonischen Handeln und im missionarischen Zeugnis kam. Deshalb ist die vergleichende Konfessionskunde ein wichtiger Teilbereich der ökumenischen Bildung.

4.1.2 Offene Fragen

In vielen Dialogergebnissen, den Stellungnahmen von Kirchen und den Dokumenten der Ökumenischen Bewegung wird einmütig die Suche nach der „sichtbaren Einheit" der Kirche(n) als das letzte Ziel der ökumenischen Bemühungen beschrieben. Seit ihrer Gründung im Jahr 1927 verfolgt die „Bewegung für Glaube und Kirchenverfassung" (Faith and Order), der sich nach dem Zweiten Vatikanischen Konzil auch die Römisch-katholische Kirche angeschlossen hat, dieses Anliegen. Auf seiner X. Vollversammlung 2013 in Busan / Südkorea hat der Ökumenische Rat der Kirchen an das Hauptziel der ökumenischen Bewegung erinnert. Es besteht darin, „einander zur sichtbaren Einheit in dem einen Glauben und der einen eucharistischen Gemeinschaft aufzurufen, die ihren Ausdruck im Gottesdienst und im gemeinsamen Leben in Christus findet, durch Zeugnis und Dienst an der Welt, und auf diese Einheit zuzugehen, damit die Welt glaube." Was genau ist mit der „sichtbaren Einheit" der Kirche(n) gemeint? Wie weitreichend müssen die Annäherungen der Kirchen an eine gemeinsame, äußerlich wahrnehmbare Gestalt der Kirche sein? Worin wird die Einheit der Kirchen sichtbar und erhält sie ihre Gestalt? Fraglos ist, dass in diesem Zusammenhang vor allem der liturgisch gefeierte Gottesdienst, die Feierformen der Sakramente und die Ordnung der Ämter zu bedenken sind. Es ist offenkundig, dass in Fragen der Sakramente und der kirchlichen Ämter trotz teilweiser – zum Teil beträchtlicher – Übereinstimmung noch keine ökumenische Einmütigkeit erkennbar ist. Manche Unterschiede prägen hier die wechselseitige Wahrnehmung – wie beispielsweise die Aufbewahrung des eucharistischen Brotes zur Anbetung Jesu Christi in dieser sakramentalen Präsenz oder die Ordination von Frauen. Zu den Themenbereichen des Gottesdienstes, der Sakramente und des kirchlichen Amtes gibt es erfreuliche und ermutigende Ergebnisse in den ökumenischen Dialogen, deren Rezeption in Lehre und Praxis der Kirchen in weiten Bereichen jedoch noch aussteht.

In der reformatorischen Tradition wird in jüngerer Zeit gerne zwischen dem Grund und der Gestalt der Kirche unterschieden, um so die Gestalt der Kirche ganz von ihrem Grund bestimmt sein zu lassen und zugleich die Vielfalt der Gestaltungen der Kirche begreifen zu können. So wird versucht, die biblisch überlieferte Mahnung des Paulus ekklesiologisch fruchtbar zu machen: „Einen anderen Grund kann niemand legen als den, der gelegt ist: Jesus Christus" (1 Kor 3,11). Die gemeinsame Besinnung auf die in Jesus Christus bereits gegebene Einheit geht der Suche nach Konkretisierungen der sichtbaren Einheit der Kirche voraus. Nach der Confessio Augustana ist die Kirche die „congregatio sanctorum" (die Versammlung der Glaubenden im Gottesdienst), deren Einheit in der Verkündigung des Evangeliums und der Gabe der Sakramente sichtbar ist: „Denn das genügt zur wahren Einheit der christlichen Kirche, dass das Evangelium einträchtig im reinen Verständnis gepredigt und die Sakramente dem göttlichen Wort gemäß gereicht werden" (CA 7). Eine solche Einheit entbindet nicht von der Notwendigkeit, auch weiterhin aneinander kritisch zu wirken: unterscheidend zwischen dem, was im Leben der Kirche (also in ihrer Gestalt) dem Evangelium entspricht, und dem, was ihm zuwider ist. Die Kirchen stehen hier gemeinsam vor der theologischen Aufgabe, das Evangelium als kritisches Moment in ihrer Gestaltung präsent zu halten und Gott mit seinem Wort auf institutioneller Ebene immerzu Gehör zu verschaffen.

Die auf Weltebene vom Lutherischen Weltbund und der Römisch-katholischen Kirche am 31. Oktober 1999 unterzeichnete „Gemeinsame Erklärung zur Rechtfertigungslehre" bezeichnet die „Lehre von der Rechtfertigung" als „ein unverzichtbares Kriterium, das die gesamte Lehre und Praxis der Kirche unablässig auf Christus hin orientieren will" (GER 18). Eine Konkretisierung dieser eng mit der Geschichte der Reformation verbundenen Erkenntnis steht in der Ökumene gegenwärtig noch aus.

4.2 Lerngeschichten

Gemeinsam blicken die evangelischen Kirchen und die Römisch-katholische Kirche auf eine sich über Jahrhunderte erstreckende Geschichte zurück, in der sich immer wieder bereichernde Lernprozesse ereigneten, gerade auch in voneinander abweichenden, kontradiktorischen Bewertungen der Reformation. Konfessionelle Profilierungen konnten selbstkritisch auch als eine Anregung zur Eigenkorrektur aufgenommen werden. Manchmal bedarf es eines kritischen Gegenübers, um sich der Begründung der eigenen Identität zu vergewissern. Die Ökumenische Bewegung insgesamt ist in diesem Sinne als ein beständiges Geschehen des sich immer wieder neu Kennenlernens und Findens, als ein dialektischer Prozess der Abgrenzung und Annäherung, der Selbstsetzung und Selbstkritik zu verstehen.

4.2.1 Aufnahme reformatorischer Einsichten in der Römisch-katholischen Kirche

Im Rückblick auf die konfessionelle Traditionsbildung erscheint es oft so, dass nicht völlig neue und mit der eigenen Position zunächst unvereinbar erscheinende Aspekte durch reformatorische Einsprüche in das Bewusstsein getreten sind, vielmehr bewirkten die zeitgeschichtlich herausgeforderten Klarstellungen eine Erinnerung auch an die alten, bewährten, eigenen Überzeugungen. Ökumenische Begegnungen sind ein Weg der heilsamen Selbstvergewisserung aller konfessionellen Traditionen. Über lange Zeit vergessene Einsichten gewinnen neu an Bedeutung. So hat die Römisch-katholische Kirche viele Anliegen der reformatorischen Theologie in ihrer Lehrtradition und bei der Gestaltung ihres Glaubenslebens rezipiert. Diesbezüglich ist zunächst an die im Sinne der Reformation in den Texten des 2. Vatikanischen Konzils geschehene Stärkung des Bewusstseins zu denken, dass im Sinne der biblischen Überlieferung (vgl. 1 Petr 2,9) alle Getauften am gemeinsamen Priestertum Anteil haben (vgl. Sacrosanctum Concilium 14, 48; Lumen Gentium 9-10, 26, 34; Ad Gentes 15; Apostolicam Actuositatem 3). In der Liturgie-Konstitution wird vom Recht und Amt *der Gemeinde* gesprochen, und vom Wortgottesdienst als selbständiger liturgischer Feier, die auch von Laien geleitet werden kann. Die liturgische Bewegung im 20. Jahrhundert verlief in der Römisch-katholischen Kirche (auch schon vor dem

Zweiten Vatikanischen Konzil) und den evangelischen Kirchen weitgehend parallel. Auch im Blick auf die muttersprachliche Liturgie haben römisch-katholische Reformbewegungen vor und nach dem Zweiten Vatikanischen Konzil Argumentationen aus der reformatorischen Tradition übernommen.

Das Zweite Vatikanische Konzil hat wichtige theologische Anliegen der Reformation aufgenommen: In allen Konstitutionen, Dekreten und Erklärungen dieses Konzils ist die christologische Ausrichtung der Argumentation vorrangig. Es spiegelt sich darin wider, dass die katholische Theologie seit dem 19. Jahrhundert die reformatorische Lehre vom dreifachen Amt Christi intensiv rezipiert hat. So betont die Kirchenkonstitution, dass Christus, nicht etwa die Kirche, wie in den vorbereiteten Textvorlagen noch stand, ‚Lumen Gentium', d.h. das ‚Licht der Völker' ist (vgl. Lumen Gentium 1). Wie in der evangelischen Theologie des 20. Jahrhunderts rückte das Zweite Vatikanische Konzil in seinen Dokumenten die Kategorie des Wortes Gottes in den Mittelpunkt. Entsprechend wird der Vorrang der biblisch überlieferten Schrift vor der kirchlichen Tradition in der Konstitution über die göttliche Offenbarung festgehalten: Die „Heilige Schrift ist Gottes Rede", die „Heilige Überlieferung" gibt das Wort Gottes (lediglich) weiter (vgl. Dei Verbum 9). In vielen Detailfragen im Themenbereich „Schrift und Tradition" konnten in den letzten Jahrzehnten angesichts der intensiven römisch-katholischen Reflexionen über diesen Themenbereich auch ökumenische Annäherungen erreicht werden, die sich u.a. in der mehrbändigen Studie des Ökumenischen Arbeitskreises ‚Verbindliches Zeugnis' niedergeschlagen haben.

Das Zweite Vatikanische Konzil hat darauf hingewiesen, dass es für die Römisch-katholische Kirche gerade angesichts der Spaltungen „schwieriger" ist, „die Fülle der Katholizität unter jedem Aspekt in der Wirklichkeit des Lebens auszuprägen" (Unitatis Redintegratio 4). Gelebte Katholizität realisiert sich – jenseits der Frage nach den institutionellen Strukturmerkmalen – aus Sicht des Zweiten Vatikanischen Konzils in personaler, existentieller Hinsicht nur in ökumenischer Gemeinschaft. In den Zeiten nach der Reformation im 16. Jahrhundert hat die Römisch-katholische Kirche an den Früchten der von der Reformation bewirkten Konzentration auf die Verkündigung des einen Evangeliums partizipiert. Es sind diesbezüglich viele einzelne Phänomene zu beschreiben, die in der Geschichtsschreibung bisher kaum Beachtung finden, weil die Quellenlage unsicher oder das Interesse an der Erforschung dieser spezifischen Fragestellung nicht gegeben ist. Es fehlen wissenschaftliche Studien zur Einflussnahme des reformatorischen Gedankenguts auf das konkrete Leben in den römisch-katholischen Gemeinden vom 16. Jahrhundert an bis heute. Insbesondere Veränderungen der Lebenspraxis in den evangelischen Kirchen (wie die Aufhebung des Gebots der Ehelosigkeit im ordinierten Amt) und der liturgischen Ordnung (wie die Kommunion aller – auch der Laien – im eucharistischen Mahl mit Brot und Wein) sind als Bestimmungen der neuen konfessionellen Identität wahrgenommen worden. Es wäre genauer zu untersuchen, wie gerade die Abgrenzung von reformatorischen Anliegen zu Veränderungen der Lebenspraxis in der Römisch-katholische Kirche geführt hat. Auch gegenwärtig stellt sich die Frage, wie mit den Impulsen aus der ersten Phase der reformatorischen Erneuerung, aber auch aus der Phase der Konfessionalisierung mit ihrer wechselseitigen Profilierung angemessen umzugehen ist.

4.2.2 In den evangelischen Kirchen rezipierte römisch-katholische Einsichten

Die evangelischen Kirchen haben in den vergangenen Jahrzehnten in vielfacher Hinsicht von den bewährten Erfahrungen der anderen christlichen Traditionen gelernt und ihre Lehre und Praxis entsprechend modifiziert.

Dies gilt insbesondere für die Thematik der weltkirchlichen Bezüge bei jedem kirchlichen Handeln. Lange war die Weltkirche in den evangelischen Kirchen nur durch die protestantischen Missionsgesellschaften präsent. Durch die Ökumenische Bewegung und durch die Dialoge mit der Römisch-katholischen Kirche ist die weltkirchliche Dimension jeglichen kirchlichen Handelns heute stärker als früher in den evangelischen Kirchen relevant. Während die Römisch-katholische Kirche dazu neigt, wichtige Entscheidungen für die Weltgemeinschaft in einem zentral gelenkten Prozess zu treffen, organisieren die vielen evangelischen Kirchen aufgrund ihrer Selbständigkeit die weltkirchlichen Dimensionen ihres Kircheseins in Kooperationen, Weltbünden, globalen Foren und Kirchengemeinschaften. Zunehmend wird für die evangelischen Kirchen wichtig, sich im weltweiten Raum mit einer vernehmbaren Stimme gemeinsam als *evangelisch* darzustellen. Zugleich wird, angeregt insbesondere durch ökumenische Studien, heute in hohem Maße das Erbe der Alten Kirche und das der mittelalterlichen Kirche als ein unverzichtbarer Teil der eigenen Geschichte in den evangelischen Kirchen und der evangelischen Theologie wertgeschätzt.

Die theologisch begründete Annahme, dass es ohne eine Verständigung über die Bedeutung des Dienstamts des Bischofs von Rom zu keiner Versöhnung zwischen den Konfessionen kommen wird, veranlasste nach der Veröffentlichung der Enzyklika (28) „Ut unum sint" im Jahr 1995 auch manche evangelische Theologinnen und Theologen, dem Wunsch von Johannes Paul II. zu entsprechen, mit ihm in einen geschwisterlichen Dialog über die künftige Gestaltung dieses Dienstamtes zu treten. Noch ist allerdings nicht in Sicht, wie eine solche gesuchte Verständigung konkret erreicht werden könnte.

Aufgrund der Dialoge mit der Römisch-katholischen Kirche haben viele evangelische Kirchen neu über das Verhältnis des Priestertums aller Glaubenden zum kirchlichen, ordinationsgebundenen Amt nachgedacht und die Ordination in ihrem lebenslangen Verpflichtungscharakter neu gewürdigt. Gleichwohl ist die Diskussion zwischen den Kirchen, aber auch der evangelischen Kirchen untereinander, über die Formen der Einsetzung sowie der Ausübung kirchlicher Autorität kraft der Ordination noch nicht abgeschlossen. Das Dokument der Gemeinschaft der Evangelischen Kirchen in Europa (GEKE) über (29) „Amt – Ordination – Episkopé" (2012) hat die Diskussion über die Frage der überregionalen Episkopé in jüngerer Zeit vorangebracht. Die evangelischen Kirchen versuchen auf unterschiedliche Weise auf die römisch-katholischen, orthodoxen und anglikanischen Anfragen nach der apostolischen Amtssukzession (die in der Reformationszeit nicht überall gewahrt worden sein soll) einzugehen und der Apostolizität der kirchlichen Ämter (wie der Kirche und also der Gemeinschaft der Glaubenden insgesamt) zu entsprechen. Gleichwohl ist die Rezeption der differenzierten ökumenischen Argumentation in den internationalen und nationalen Studien zur Frage der Apostolizität der Ämter ein Desiderat.

Vielfältige Anregungen haben evangelische Kirchen in der Liturgie und Spiritualität von anderen Kirchen aufgenommen (z.B. Segnungen, Gewänder, Oster- und Taufkerzen). Sie haben die Bedeutung der Sakramente als einen Modus des Wortes Gottes wieder neu betont.

4.2.3 Offene Fragen

Trotz der wechselseitigen Anregungen ist eine Reihe von Anliegen der beiden Konfessionen von der jeweils anderen Seite nicht aufgenommen worden. Viele der ökumenischen Dialoge vergleichen die reformatorischen Impulse im 16. Jahrhundert mit den heutigen Anregungen der römisch-katholischen Theologie für ihre Kirche. Dabei lassen sich ohne Zweifel viele Gemeinsamkeiten erkennen. Gleichwohl kann die Ökumene nicht einfach nur die Perspektiven des 16.

Jahrhunderts rekonstruieren und auf dieser Basis Konvergenzen zwischen den Kirchen formulieren. Vielmehr müssen bei der heutigen ökumenischen Suche nach Konvergenzen in Lehre und Praxis der Kirchen die Entwicklungen in der Geistesgeschichte und Politik, in der Philosophie und der Kultur, die nach dem 16. Jahrhundert stattgefunden haben, berücksichtigt werden. Möglicherweise waren die Kirchen der abendländischen Christenheit in der Tat beim Reichstag zu Augsburg 1530 einander so nahe wie später nie wieder: Die Gegenreformation, die Religionskriege und die Festigung des landesherrlichen Kirchenregiments haben ein konfessionelles Gegeneinander bewirkt, das in den Anfängen nicht intendiert war. Zudem haben sich durch die Entwicklungen in Europa die kulturellen, geistigen und politischen Bedingungen über die Jahrhunderte dramatisch verändert. Die Reaktionen der Kirchen auf diese Entwicklungen fielen zeitweise sehr unterschiedlich aus. Gleichwohl müssen sich die Kirchen heute gemeinsam mit der Säkularisierung und ihren Folgen auseinandersetzen.

Die gegenwärtige ökumenische Situation ist davon geprägt, dass die Konfessionen sich in unterschiedlicher Weise mit der Aufklärung und der Moderne befasst haben. Die Auseinandersetzung mit der jeweils zeitgenössischen Philosophie, mit gesellschaftspolitischen Grundwerten wie Gewaltenteilung, synodalen Prinzipien, Gewissensfreiheit, Geschlechtergerechtigkeit, Partizipation u.ä. verlief jeweils zeitlich und inhaltlich verschieden. Die evangelische Theologie hat spätestens seit dem 18. Jahrhundert aktiv die kritische Auseinandersetzung mit der modernen Philosophie gesucht und die evangelische Lehre unter den Bedingungen der Moderne immer wieder neu zu formulieren versucht. Die Römisch-katholische Kirche hat mit dem Zweiten Vatikanischen Konzil insbesondere im Hinblick auf die Religions- und Gewissensfreiheit Anliegen der Moderne und der Aufklärung rezipiert. Dies verändert die ökumenische Gesprächssituation, die sich nicht allein mit der Aufarbeitung der im 16. Jahrhundert ausgesprochenen Lehrverurteilungen befassen kann. Jenseits der Frage der historischen Rekonstruktion erscheint es daher wichtig wahrzunehmen, dass ökumenische Reflexionen nicht einfachhin einen Brückenschlag von heute ins 16. Jahrhundert (und umgekehrt) wagen können, ohne die Entwicklungen in den Jahrhunderten dazwischen zu beachten. Gerade im Hinblick auf die sichtbaren Gestalten der Kirchen sind die genannten Aspekte von Bedeutung. So stellt sich heute die Frage, wie die Kirchen in ihrer Selbstorganisation auf die Entwicklungen und Werte der Moderne reagieren. Aspekte wie eine konsequente Gewaltenteilung, Fragen der Partizipation und Geschlechtergerechtigkeit, der Menschenrechte nötigen zu weiteren Reflexionen in beiden konfessionellen Traditionen.

4.3 Konkretisierungen in der ökumenischen Praxis auf Zukunft hin

Seit dem 16. Jahrhundert streiten die Kirchen immer wieder über die rechte Gestalt ihres Erscheinungsbildes, über die richtigen Formen der Gottesverehrung, die wahre Ekklesiologie und über die angemessene Verfassung und Organisation der Kirche. Zugleich gibt es seit vielen Jahrzehnten in den Kirchen eine hohe Bereitschaft zum Handeln in ökumenischer Verbundenheit. Die Tatsache, dass für viele christliche Gemeinden ökumenische Gottesdienste selbstverständlich sind und sie ihre Räume für die konfessionellen Geschwister zur Verfügung stellen, ist ein Beispiel dafür.

4.3.1 Aufnahme gemeinsamer Herausforderungen in der Gesellschaft heute

Alle Kirchen in Europa stehen in der Verantwortung, das Bekenntnis zu Gott in der säkularen Gesellschaft glaubwürdig zu bezeugen und vor der Herausforderung, das Gespräch mit der säkularen Welt zu führen. Bei seinem Besuch des Augustinerklosters in Erfurt, einer frühen Wirkungsstätte von Martin Luther, hat Benedikt XVI. an dessen Ringen um ein die angefochtenen Gewissen tröstendes Gottesbild erinnert. Die Voraussetzungen, unter denen sich die Gottesfrage unter den Vorzeichen des alten und des neuen Atheismus, des Agnostizismus und der religiösen Indifferenz gegenwärtig stellt, sind zwar andere als im 16. Jahrhundert, die Notwendigkeit, sich dieser Frage heute gemeinsam zu stellen, ist jedoch nicht minder drängend. Es ist eine durchaus lohnende ökumenische Aufgabe, die Konturen der Gottesrede im 16. Jahrhundert mit den Anfragen heute in ein Gespräch zu bringen. Gleichwohl sollten die Kirchen der Versuchung widerstehen, gerade dieses aktuelle und für sie zentrale Thema vorwiegend auf der Basis der Theorieangebote und Debatten früherer Jahrhunderte zu diskutieren und der Öffentlichkeit zu präsentieren. Vielmehr sollten die Kirchen und ihre Theologien sich gemeinsam mit den heute aktuellen und für die Gottesfrage bedeutsamen Theoriebildungen und kulturellen Entwicklungen auseinandersetzen. Dies gilt nicht zuletzt auch für die gemeinsamen Beiträge der Kirchen zu Fragen der Ethik im gesellschaftlichen Diskurs. Dabei können dann durchaus auch Unterschiede und Variationen in den präferierten Theorien und Prinzipien ethischer Urteilsbildung zutage treten.

Die Ökumenische Bewegung ist in Geschichte und Gegenwart eng mit dem missionarischen Anliegen der Kirche(n) verbunden. Weg und Ziel der christlichen Mission ist die Weckung und Stärkung des Vertrauens in die Wahrheit der biblischen Zeugnisse. Die Reformation hat in der gesamten Christenheit eine neue Wertschätzung der Heiligen Schrift bewirkt. Übersetzungen der Bibel in die Landessprachen erfolgten. Bibelgesellschaften wurden gegründet. Heute haben fast alle Christen eigenständig Zugang zur Heiligen Schrift und können sich ein eigenes Urteil über Gottes Willen für das eigene Leben in der Welt und das gemeinsame Leben als Kirche bilden. Die Kirchen stehen gemeinsam erneut vor der Aufgabe, die Menschen mit dem biblisch überlieferten Evangelium vertraut(er) zu machen. Das Gedenkjahr 2017 kann ein Anlass für die Kirchen sein, die persönliche und gemeinschaftliche Lektüre der Heiligen Schrift intensiv zu fördern, aber auch eine gemeinsam verantwortete Übersetzung anzustreben.

Fragen des Gottesbekenntnisses und der Mission lassen sich heute nicht ohne Rekurs auf die Vielfalt der Religionen behandeln. Insbesondere im Blick auf die Besinnung auf die christliche Wurzel im Gotteszeugnis des Volkes Israel und dessen bleibende Erwählung haben die letzten Jahrzehnte neue Einsichten hervorgebracht. Ihre Schuldgeschichte verpflichtet gerade in Deutschland Christen und Christinnen zum Handeln. Die Bereitschaft zur Versöhnung ist immer eine frei verantwortete Haltung, für die es mit persönlicher Authentizität zu werben gilt. Im heutigen religiösen Kontext gilt es, nicht allein auf die (mono)theistischen Religionen zu blicken. Allen Religionen und Kulturen der Menschheitsgeschichte ist mit Respekt zu begegnen, auch wenn Christinnen und Christen gehalten sind, Jesus Christus als das Licht der Welt zu bezeugen und so auch den christlichen Glauben als religiöse Alternative für die Angehörigen anderer Religionen zu formulieren. Die im 16. Jahrhundert in Aufnahme vorreformatorischer Gedanken formierte neue Offenheit für die Gesamtheit der von Gott als freie Wesen gewollten Geschöpfe ist von bleibender Bedeutung im Gespräch zwischen dem Christentum und den anderen Religionen.

Schon die Bauernkriege und die weiteren sozialen und politischen Unruhen in Europa im 16. und 17. Jahrhundert lassen erkennen, wie eng verwoben politische und religiöse Aspekte damals waren. Heute sprechen die Kirchen bei vielen Aspekten im Themenkreis Gerechtigkeit, Frieden und Bewahrung der Schöpfung mit einer Stimme. Gemeinsame Worte zu sozialen Fragen erscheinen und werden im gesellschaftlichen Diskurs als ökumenische Beiträge aufmerksam gehört. Das Zweite Vatikanische Konzil hat dazu aufgefordert, die Anstrengungen zur Zusammenarbeit in sozialen Bereichen zu intensivieren (vgl. Unitatis Redintegratio 12). Offen ist die Frage, ob eine stärkere Kooperation auf institutioneller Ebene in der professionell geführten Diakonie und Caritas im Sinne der wechselseitigen Entlastung und der Steigerung der Effizienz angestrebt werden sollte. Die Vielfalt könnte sich freilich auch in diesem Bereich als ein Reichtum erweisen.

4.3.2 Fortführung der ökumenischen Dialoge

Schon im 16. Jahrhundert sind „Religionsgespräche" geführt worden. Auch wenn diese Begegnungen nicht zu einem Erfolg führten, so ist doch das seinerzeitige Bemühen bis heute mit Dankbarkeit zu bedenken: Die kontroversen Sachfragen wurden sehr ernst genommen – inner-reformatorisch insbesondere in der Abendmahlslehre; führende Persönlichkeiten, die unterschiedliche Standpunkte vertreten haben, waren zum Gespräch bereit; es kam zu einem dokumentierten Streit der Meinungen; es zeichnete sich dabei ab, dass Parteilichkeit zu Gruppenbildungen führt.

In der ökumenischen Hermeneutik wird heute in Frage gestellt, ob sich die Suche nach Konvergenzen auf das Erreichen einer Übereinstimmung im semantischen Gehalt der Lehren der Kirche beschränken sollte oder ob die jeweiligen Lehren nicht stärker pragmatisch und also im Kontext der Praxis der Kirche verstanden werden sollten. Vor diesem Hintergrund ist die Frage nach den Grenzen und sogar nach einem möglichen Ende der Konsensökumene in jüngerer Zeit wieder neu aufgeworfen worden. Zugleich hat die Publikation von (30) „Harvesting the Fruits" durch Walter Kardinal Kasper gezeigt, welche bedeutende Fortschritte beim Herausarbeiten von Konvergenzen zwischen der Römisch-katholischen Kirche, der anglikanischen Kirche, den reformierten Kirchen und den lutherischen Kirchen seit 1967 erzielt worden sind. Die bilateralen Dialoge erfahren eine Ergänzung durch das multilaterale Forum des Ökumenischen Rates der Kirchen. Die Kirchen – auch die Römisch-katholische Kirche – haben sich neu gemeinsam zu fragen, ob und wie sie diese Institution als globales Forum nutzen können und wollen, um den gemeinsamen Glauben an den dreieinigen Gott in der Welt zu bezeugen.

Heute ist es offenkundig an der Zeit, sich zunächst dankbar der Gaben zu erinnern, die andere Konfessionen ins Volk Gottes einbringen und auch für die eigene Tradition bewahrt haben.

Die ökumenischen Dialoge, ökumenischen Institutionen und ökumenischen Foren wollen mit ihrem hohen Einsatz an personellen und finanziellen Ressourcen zum Zusammenleben von Christen aus verschiedenen Kirchen beitragen und eine gemeinsame Verehrung des dreieinigen Gottes ermöglichen und inspirieren. Die konfessionsverbindenden Ehen und Familien sind dabei der Testfall für die Ökumene und für den Respekt, den eine Kirche den Mitgliedern anderer Kirchen entgegenbringt. Nach all den Bemühungen um Konvergenzen in den zurückliegenden Jahrzehnten erscheint es mehr und mehr unerträglich, dass evangelische und katholische Christinnen und Christen nicht gemeinsam Eucharistie feiern können. In den ökumenischen Gesprächen zu dieser Thematik wurde erkannt, dass nicht ein unterschiedliches Verständnis der eucharistischen Feier an der gemeinsamen Gestaltung hindert, vielmehr Differenzen im Kirchen- und Amtsverständnis, die vom 16. Jahrhundert an kontrovers besprochen werden, im Wege stehen. Gerade die Frage nach den Möglichkeiten einer gemeinsamen Eucharistiefeier von evangelischen und katholischen Christen stellt die ökumenische Aufgabe, die Normativität der gegenwärtigen ökumenischen Praxis zu reflektieren. Ökumene hat nicht nur mit Texten zu tun, sondern auch mit gegenwärtiger Praxis.

4.4 Ökumenische Herausforderungen im Blick auf 2017

Es ist gut, dass sich viele ökumenische Kreise gemeinsam um das Gedächtnis der Reformation bemühen. Die Reformation hat ursprünglich keine Spaltung der westlichen Christenheit intendiert, sondern wollte die Erneuerung der gesamten Kirche aus dem Geist des Evangeliums. Die Besinnung auf die Reformation stärkt die Ökumene und die ökumenische Theologie. Sie macht deutlich: Die Kirchen sind füreinander und nicht gegeneinander da. Jede Kirche gewinnt an Profil nicht gegen die anderen Kirchen, sondern im Miteinander mit ihnen.

Nach einer 500-jährigen gemeinsamen Geschichte des Gedenkens der Reformation sind die Deutungen dieses Geschehens, auch und gerade weil es der Stiftung wie der Vergewisserung der eigenen konfessionellen Identität dient, sehr verschieden. Der Umgang mit historischen Geschehnissen enthält immer beides: historische Erinnerung und identitätsstiftendes Gedächtnis. Jede noch so quellengetreue Rekonstruktion historischer Ereignisse muss sich daher fragen lassen, ob und inwieweit sie nicht auch Ausdruck des konfessionellen oder ökumenischen Selbstverständnisses der Gegenwart ist, das nur in die Vergangenheit zurückprojiziert wurde. Die Deutung und Bewertung der Reformation unterlag schon immer der Gefahr der Pflege von Stereotypen und Vorurteilen und der Funktionalisierung des Ereignisses als Projektionsfläche zeitgenössischer wie konfessioneller Interessen. Gerade letzteres macht eine gemeinsame ökumenische Bewertung der Reformation bis heute so schwierig. Der aktuelle Streit um die je unterschiedliche Deutung und Bedeutung kann an einfachen Begrifflichkeiten kontroverstheologisch festgemacht werden: Ist 2017 nun ein Reformationsjubiläum, das vor allem ein Grund zum Feiern ist oder müsste nicht vielmehr ein selbstkritisches Gedenken im Vordergrund stehen, was der reformatorische Vorstoß Luther zur Erneuerung der gesamten Kirche aus dem Geist des Evangeliums nicht intendiert und dennoch bewirkt hatte: die Spaltung der westlichen Christenheit.

In ökumenischer Perspektive ist es selbstverständlich, dass es sich evangelische Kirchen und die Römisch-katholische Kirche nicht nehmen lassen sollten, ihre jeweilige Grundeinstellung zum Gedächtnis der Reformation jeweils unterschiedlich zu bestimmen. Das entbindet aber nicht davon, an einer gemeinsamen, ökumenischen Deutung und Bewertung des Geschehens auch im Sinne einer gemeinsamen Wertschätzung der Reformation zu arbeiten. Die aus den gemeinsamen Herausforderungen und den Einsichten aus den Dialogen entstehenden gemeinsamen Aufgaben sollten zudem beim Reformationsgedenken im Jahr 2017 im Mittelpunkt stehen. Beides erscheint als die entscheidende Voraussetzung, um das Jahr 2017 auch gemeinsam zu begehen. Die Einstellungen zur Reformation und die Erfahrungen mit den Folgen der Reformation aber sind unterschiedlich in den Kirchen und dürfen es auch sein.

Häufig funktionieren solche Diskursalternativen nur auf der Basis strikter Reduktionen. So ist beim Reformationsgedenken 2017 ein „sowohl – als auch" angemessen: sowohl freudiges Feiern der Reformation als auch selbstkritische Besinnung. Zugleich muss der Blick der evangelischen Kirchen und der Römisch-katholischen Kirche über diese Alternative hinausgehen. Hier kann auch ein Blick auf das Reformationsgedenken der Christenheit in der südlichen Hemisphäre hilfreich sein.

Für evangelische Christen und ihre Kirchen in der südlichen Hemisphäre geht es beim Reformationsgedenken in erster Linie darum, den Geist der Reformation in der Gegenwart aufzunehmen und in der jeweiligen Situation produktiv werden zu lassen. Dazu gehören vor allem ein konsequentes Leben aus der Heiligen Schrift, inspirierende und zugleich verpflichtende Gottesdienste, ein diakonisches gemeinsames Gemeindeleben, die Mission ihrer Mitmenschen und ihrer Lebenswelt, und eine partizipatorische Kirchenstruktur. Wichtig dabei sind der Lebensbezug und die Lebensdienlichkeit des christlichen Glaubens. Wenn sich die Kirchen in Deutschland und Europa von diesen weltkirchlichen Perspektiven anregen lassen, dann müssten sie weniger das Gedenken der Reformation und ihrer Folgen als historisches Ereignis in den Blick nehmen, als vielmehr sich selbst gemeinsam fragen, welche Aufgaben sie gemeinsam aus diesem reformatorischen Geist in einer weitgehend säkularen Welt angehen sollten.

Im reformatorischen Geist erarbeiten die Kirchen auf verschiedene Weise gemeinsam, was heute in den säkularen oder religiös pluralen Gesellschaften „Verkündigung des Evangeliums" heißt. Die Reformation hat von Anfang an – und dies ist 2017 vor allem im Blick – die Heilige Schrift für das Leben der Kirche und des einzelnen Christen in den Mittelpunkt gerückt. Sie hat die Kategorie des Evangeliums in der Soteriologie hervorgehoben: die großzügige und freie Zuwendung Gottes zu jedem belasteten und durch vielerlei Anforderungen – auch kirchlichen – bedrückten Menschen. Das österliche Bekenntnis verbindet die Konfessionen im Gespräch mit allen Menschen, die Leid und Trauer erfahren. Die Reformation hat den eschatologischen Charakter der Kirche betont als der Heilsgemeinde, die im Gottesdienst schon jetzt ganz in der Gegenwart des dreieinigen Gottes lebt – und daraus dann auch die freie Verpflichtung jedes einzelnen Christen gefolgert, selbst in der Heilsgemeinde Verantwortung zu übernehmen und sich in Liebe ganz den Mitmenschen zuzuwenden. Es ist eine besondere Herausforderung der Kirchen, ihre ökumenische Gemeinschaft in Zeugnis, Liturgie und Dienst am Nächsten in Vorbereitung auf das Reformationsjubiläum sichtbar zu machen.

Die bereits vorliegenden Ergebnisse der ökumenischen Dialoge geben hinreichend Anlass dazu, dass die evangelischen Kirchen und die Römisch-katholische Kirche einander explizit als Kirchen Jesu Christi anerkennen. Über die Frage, wie die Kirchen zu der „einen heiligen, katholischen und apostolischen Kirche", zu der sie sich gemeinsam bekennen, ins Verhältnis zu setzen sind, sollte das theologische Gespräch gesucht werden. Dabei wäre beispielsweise zu klären, ob es sinnvoll ist, dass die Kirchen je für sich beanspruchen, die eine heilige, katholische und apostolische Kirche besser, vollkommener und evangeliumsgemäßer zu realisieren als die anderen Kirchen. Genauso ist jedoch auch zu klären, ob die Auffassung, dass keine Kirche die Katholizität der Kirche realisieren kann ohne die anderen Kirchen, aus ökumenischer Perspektive weiterführend ist.

Es ist zu wünschen, dass die Kirchenleitungen ihre Gemeinden ermutigen, mit den Gemeinden der anderen Konfession möglichst oft ökumenische Gottesdienste zu feiern und den Mitgliedern der anderen Kirchen dabei auch eucharistische Gastfreundschaft zu gewähren. An der Hoffnung auf volle eucharistische Gemeinschaft gilt es festzuhalten. Ein Zeichen der ökumenischen Verbundenheit wäre es, wenn am Gedenktag der Reformation am 31. Oktober 2017 christliche Gemeinden aller Konfessionen an ihren Orten ökumenische Gottesdienste feiern.

Das Gedächtnis an die Reformation ist ein ökumenisches Ereignis, durch das die Gemeinschaft zwischen den evangelischen Kirchen und der Römisch-katholischen Kirche vertieft werden kann. In ihm kann zum Ausdruck kommen, dass aufgrund der intensiven ökumenischen Arbeit und der vielfältigen Kooperationen der Kirchen inzwischen die Gemeinsamkeiten der Kirchen im Vergleich mit den verbleibenden Differenzen bei weitem überwiegen. Diese Gemeinschaft kann gestärkt werden durch die Besinnung auf die Aufgaben, die sich ihnen im reformatorischem Geist heute gemeinsam stellen: das Evangelium zu verkünden; den Menschen die Heilige Schrift als Buch des Lebens deutlich zu erschließen; an die Verantwortung aller Christinnen und Christen für den nahen und fernen Nächsten zu erinnern, das gemeinsame Zeugnis der Kirchen im politischen Gemeinwesen zu stärken und in allem den dreieinigen Gott als Quelle und Ziel allen Lebens zu loben.

Reformation 1517–2017
Ecumenical Perspectives

Preamble

As the churches look forward to the 500th anniversary in 2017, they have the opportunity to consider how the Reformation and its consequences may be discussed in a way that is satisfactory for today's ecumenical understanding. On the one hand this anniversary intends to celebrate the achievements and the good fruits of the Reformation, but on the other hand the recollection brings the loss of Church unity into focus. Though it is natural that the Protestant side will rather recall the former, and the Catholic side mostly the latter aspect, it would nonetheless be important for the denominations to regard both sides of the Reformation self-critically. It is obvious that the year 2017 cannot merely meaningfully be filled simply by mention of the events of October 31, 1517, and the spread of the 95 theses against indulgences which started on that day. Rather, attention must be drawn to the variety of developments and movements which can be summed up by the general expression "Reformation". Depending on the denominational orientation, these events may predominantly be perceived as the schism in the One Church of Latin Europe, or as a renewal of the Church in terms of the message of the justification of the sinner by grace alone and by faith alone. Even from this point of view, one must naturally ask whether this was only possible by way of a schism in the existing Church, whether this effect could have been avoided, and what had led up to it.

Thus the question of the origins of the Reformation is raised. However, differing assessments of the overall process have led to the traditional accounts of the historical causes which determine the representation of these events by the modern-day denominational churches. The contrasting denominational approaches can be traced right down to modern Reformation research. Even in the early 20th century, the debates about the interpretation of Luther still strongly recalled the denominational implications of major historical narration – thus releasing in turn more potential for research.

So the simple confrontation between denominational patterns of interpretation has now given way to a diverse network of relationships. The Catholic Luther research in the middle of the last century has broken down the encrusted images of a Martin Luther suffering only from his scrupulosity as a monk and exposed the roots of the Reformation in the prevailing conditions of church life and in the transformation processes of the late Middle Ages. Though these researchers did not want to adopt all Luther's implications for themselves, they nonetheless opened a path to the perception and appreciation of the theological impetus given by Luther and the Reformation. Conversely, on the Protestant side the one-sided negative portrayals of the medieval church and the glorification of Luther and other Reformers yielded to a more realistic assessment of the manifold medieval efforts to make room both for the grace of God and for the activity of man in God's plan of salvation. The ensuing denominational opening is increasingly connected in Reformation research with internationalization and integration into the general science of history.

On its own terms, historical science is not entitled to pursue any theological intention – but this approach effectively broadens the outlook on the Reformation and thus implicitly helps ecumenical understanding. To be sure, after gaining such a matter-of-fact consideration of the Reformation, the main concern will be to find an appropriate theological interpretation, enabling the commemoration of the Reformation in 2017 to serve also as an impetus for more intensive ecumenical dialogue. In order to contribute to this aim, the Ecumenical Working Group has gladly formulated the following statements as a reaction to numerous suggestions for the presentation of considerations for an ecumenical understanding of the Reformation.

1. Terminology

The term "reformatio" already came up in the late Middle Ages, referring to programmes aiming at a fundamental renewal of the Church (restoration of what was *de*formed). Documents such as the (1) "Reformatio Sigismundi" made such demands in the 15th century and were widely circulated among reformists. In the Reformation movement itself the term was initially only understood in the sense of individual reconstructions, whereby the basic Latin meaning of re-formatio always indicated that the legitimate justification for such measures was to be seen in the claim that they would lead the Church back to its origins in order to regain what had been lost without overthrowing and destroying what had developed; Luther himself followed this use of the term when he declared in the

Resolutiones on the (2) indulgence theses: (3) "Ecclesia indiget reformatione" (WA 1,627,27 f), "The Church needs a reformation." "Reformation" only came to be used as the definition of an epoch in the early modern self-reflection of the predominantly Protestant view of history, whereby the processes within the church continued to stand in the foreground. It was not until the 19th century that historical research used "Reformation" as a historiographical term encompassing general social processes as well. Thus the beginning of a new epoch was effectively limited to the year 1500, which is still used in general historical descriptions down to the present day. The relationship between this historical description and the normative understanding of what Protestants call "reformational" is not always quite clear, whereby Protestants can also only derive this normative character from the correspondence with Holy Scripture. Using this term in an ecumenical sense, it is important that on the one hand the historical events of the 16th century gave the concept of "re-formatio" a specific meaning in the sense of a change that led to division of the churches. However, on the other hand, the basic definition of ecclesiastical self-correction, immanent in every church, has never disappeared from the language of the Roman Catholic Church. It has remained a key concept for processes of change right down to the texts of the Second Vatican Council, even enabling the adoption of the fundamental modern Protestant conviction "ecclesia semper reformanda" in (4) documents of the Second Vatican Council (cf. Lumen Gentium 8; Unitatis Redintegratio 6).

It has also in this sense to be understood that the ecumenical widening of research on the 16th century has led to a renewed discussion of individual terms. In particular the expression "Counter-Reformation", which with polemical undertones was derived from and one-sidedly targeted the key concept "Reformation", described the behaviour of the Old Church in reacting to the Reformation; this has been supplemented by the concept of "Catholic Reform", which makes it clear that reform impulses of the late medieval church were also taken up and implemented on the Catholic side. It shows in particular that in the pre-Reformation period internal church reforms had already begun in various movements (religious orders, devotion moderna, etc.) and countries, particularly in Spain, France and Italy, but also in Germany (e.g. the Melk Reform, the reform branch of the Hermits of St. Augustine), and that they were not interrupted by the Reformation, although influenced by it. For the second half of the 16th century modern research generally tends by using terms such as "denominational formation" and "denominalisation" to avoid denominational imbalance in historical description and to replace possible normative terms by others taken from the context of non-denominational theories. Once again, however, it also applies here that the ecumenical dialogue can on the one hand regard such a historical description as a welcome objectification of the argument; on the other hand, theological research must continue to attempt to interpret historical findings and explanations and to discuss the legitimacy of historical actions in the sight of God as well as the relationship between God's action and historical events.

2. Historical Perspectives

2.1 Preconditions in the late Middle Ages

Every denominational interpretation of the Reformation is connected to a certain understanding of the relationship between the Reformation and the Middle Ages. The Middle Ages belong to the history of all modern denominational churches, albeit to varying degrees. These all represent in different proportions and degrees transformations of the medieval church. Nevertheless, the degree of positive identification with the medieval heritage is much higher in the Roman Catholic Church of modern times than in the Lutheran and Reformed churches, whose self-understanding is based to a great extent on the demarcation from the Church which the Reformers experienced at the beginning of the 16th century.

In historical reconstructions as well, the images formed in the 16th century have largely upheld these different identifications. However, the former one-sided definitions of the Reformation when the Catholic side saw it as defection from favourably regarded Middle Ages, which the Protestants had put in a purely negative light– have not remained. There was a remarkable shift in the research as from the mid-20th century, when the Catholic side highlighted the decadent elements of the late Middle Ages and the Protestants recognised the intensity of the piety which was existent at that time.

The possibility that the opinions could be reversed in this way indicates that linear definitions, which identify heights and depths of the relationship between Late Middle Ages and Reformation, are not adequate to describe the complex relationships appropriately. Therefore, recent research is increasingly inclined to determine these relations more cautiously, taking into consideration the conspicuous continuities when describing the Reformation as well as its non-derivability, which it shares with all historical developments, so that its peculiarity and novelty in comparison to previous developments should also be made clear. Thus the Reformation appears as a continuation, intensification and refraction of medieval developments which are bound together by the normative "centreing" (Berndt Hamm) in the message of justification, thus setting new impulses free and leading to a new, particular form of church.

Given this interplay of continuity and new approach, it should also be observed that the image of a monolithic, late medieval church does not correspond to a reality, in which the Church had long been characterized by a variety of different aspects, some of which were almost diametrically opposed. Thus one can find at the same time intensified forms of piety that make salvation predictable and quantifiable, for example in the system of indulgences, whilst on the other hand there is internalised mysticism. In the late medieval church this variety of different extremes and focal points existed largely within the horizon of a European Latin Church which saw itself as "corpus christianum", but the resulting dynamic activities led in different directions, which can partly be traced back to the 15th century.

The most obvious tensions are demonstrated in a definition of Church in the 15th century in which decentralized forces are seen to be strengthened, whilst at the same time papal central power is also reinforced. The strengthening of decentralized forces can be traced not only among the Hussites, who had even succeeded in obtaining recognition for their special development within the Holy Roman Empire before the Reformation, but also in the independence of the French church through Gallicanism. For the later development of the Reformation, it was of particular importance that there were tendencies to such decentralized governance of the Church within the Roman Empire as well – not at the level of the overall empire, but rather within the territorial princedoms, especially in Hesse and Saxony, two territories which were to prove most important for the further development of the Reformation. If one notices that especially towards the end of the 15th century the papalist theories were put forward with new intensity and quality, it becomes clear: here was a tension that could trigger off a conflict.

The involvement of the princes also points to a further specific characteristic of the late medieval church: the increasing influence of the laity. This was evident not only at the level of the reigning princes in the exercise of due diligence for the Church in face of the failure of the bishops (cura religionis), but also, most strikingly, in the cities, especially the imperial cities, where the councils gained more and more responsibility for the appointment of ecclesiastical personnel in the local church, accompanied by brotherhoods that reflect the desire of the late medieval bourgeoisie to shape their own religious fate. At the same time this lay involvement always points to its limitations, namely that the clergy alone was mediator of salvation and administered the sacraments. The discrepancy that arose here was not only structural; for notwithstanding the continuing belief in the efficacy of the sacraments "ex opere operato" and the recognition of the ministerial priesthood, the moral integrity of the ordained clergy was becoming increasingly problematic for medieval piety. A variety of offences, especially sexual debauchery at all levels of the Church, led to the growing perception that it was the clergy in particular that failed to live up to the ideals of the Church and of their own profession. This culminated in the widespread "anti-clericalism" which criticised the clerical state in general, whereby the focus admittedly lay more on the moral reality of the priesthood than on fundamental ecclesiological principles. The reassessments in Roman Catholic research described above have contributed to the fact that nowadays the massive abuses at all levels of the medieval church – also among the laity – are very clearly recognizable. To be sure, this contrasts with the lay people's involvement that has been mentioned and the ensuing affirmation of intensified devotion, reaching a climax in Johannes Tauler's metaphor of the "priesthood of devout people" and finding practical expression in the various efforts of the laity to lead a godly life, for example in the context of the Third Orders or the Modern Devotion movement. Once again it is obvious that the late Middle Ages were characterized by opposing tensions, testifying to a broad gamut of religiously oriented lifestyles that cannot be subsumed under a single heading.

The lay people's striving to lead a devout life was perceived more and more also as an object of theological reflection, which was covered by a specific type of "Frömmigkeitstheologie" (piety theology). One of the manifestations of lay interest was to deepen internalised piety that seeks salvation not so much by its objectifiable acquisition through the sacrament or by moral action, but rather by the path to inner encounter with God. Based on different forms of mystical theology, the ideal of the humble encounter with God became more and more widespread in monastic and non-monastic circles. It is of crucial importance for the development of Reformation theology and the conflicts associated with it that Luther came from this very movement of inward piety, which he had learnt from his religious superior and confessor John von Staupitz, and that in this context he had come to know a theology and piety which placed man's inner life in the sight of God in the centre of its thinking and perceiving. This type of piety contrasted with another type, which connected salvation principally to outward, quantifiable factors and was partly supported by writings of the piety theology, but also to some extent abused by vehement popularisation. Its worst excesses were to be found in the practice of indulgences in the late Middle Ages, down to its misuse by Albrecht of Brandenburg and the preacher Johann Tetzel, which provoked Martin Luther's reaction. Despite all criticism of this practice, which may not simply be limited to the formulations of Reformation theology, but is also based on the teaching of Cardinal Cajetan and later on the decrees of the Council of Trent, one may nonetheless generally recognize in the doctrine of indulgence the effort to be faithful to God and to seek to obtain security beyond death. It is particularly obvious in these contexts, how urgent the question of salvation was in the late Middle Ages.

But just at this point the answers given by medieval scholastic theology were not unanimous. Differing intellectual influences at the *artes* faculties had even led to a rigid differentiation of the institutions between the via antiqua of the Thomas scholars or the via moderna of those following Ockham and others, and these differences were also reflected in theology. For the theology of Thomas and the Thomists, it was fully agreed that at every stage on the way of salvation the grace of God is the ultimate basis. The theologians trained in the via moderna were also aware of man's dependence upon grace, but they described this with reference to "acceptatio divina", the model going back to Duns Scotus, as more selective and bound to events. Thus the idea was developed that man could also be accepted by God in his natural disposition–and this was brought to a head in late medieval times, such that ultimately man could be understood as capable of attaining salvation solely by means of his natural forces. This concept, that trusted in man's own action for his own salvation, was seen in the works of Gabriel Biel as an expression of God's absolute power beyond the valid order of salvation, and Biel was very influential in Erfurt during Luther's years of study there.

Important aspects in the education system and the local parishes were also decisive for the Reformation. There was a general revival of the education system from 1450, which was evident inter alia in a wave of university foundations (Freiburg in 1457, Basel 1459/60, Ingolstadt 1472, Tübingen 1477, Wittenberg 1502). This was accompanied by higher requirements for pastoral work. In addition, it was the invention of the printing press which enabled the Reformation documents to be published and distributed in great quantities. Equally crucial was the Humanist movement in its various guises, for it was particularly the humanists who were instrumental in spreading Luther's teachings and writings in the early years of his public life, until the conflict between Luther and Erasmus on the understanding of human nature estranged a large part of the Humanist movement from the Reformation.

2.2 The course of the Reformation

The Reformation movement began as a movement for theological reform. By reason of the ecclesiological consequences Martin Luther drew from his message of justification and which already in 1518were made clear by Luther's Roman trial, the movement soon reached importance and intensification extending well beyond the individual and regional context. Thus it passed into a phase of embattled public opinion, culminating in political and social formation.

a. Theological reform: The beginnings of the Reformation movements were first seen in the efforts of Martin Luther and some of his companions to reform the study of theology in Wittenberg. Apart from the academic disputes already existent in the late Middle Ages, it was also significant that Martin Luther's theology had been marked not only by his studies in Erfurt under protagonists of a form of the via moderna according to William of Ockham, but also by the humanism that was deeply rooted in the university milieu and by the encounter with mystical theology in the monastic context. However, he gained his most important theological impulses from reading the Holy Scriptures, especially the letters of the Apostle Paul about whose letter to the Romans he gave a detailed commentary in his Wittenberg lecture – but also from the church father Augustine, especially his anti-Pelagian writings. Down to the present day, researchers cannot agree on the exact time when Luther made his "Reformation discovery". While older research tended towards an "early date", which would mean that his Wittenberg lectures from 1513 could be regarded as reformatory already, the position that has been taken since the 1950s is that Luther's early lectures had still borne the mark of a "theology of humility" and that one could not assume a Reformation position before 1518. Conceivably it may be necessary to abandon the idea of identifying a particular moment at which the Reformation was "discovered", when "pre-reformatory" and "reformatory" thinking could be distinguished in Luther's work. In any case, even if one does assume that there was such a point in time, it is to be presumed that it was preceded by and had as its background a prolonged development.

In this way the manifold impetuses that Luther developed in discourse with his colleagues in Wittenberg led to the formation of a theology which posited the understanding(already to be found in Thomas Aquinas and the Thomists) that man's acquisition of salvation is based solely on the grace of God in sharp contrast to all human merits –this is evident for example in the (5) "Quaestio de viribus et voluntate hominis sine gratia disputata" (1516), in which Luther depicted man as entirely helpless and powerless with regard to his own salvation. He saw this above all as the opposite of Gabriel Biel's theology, as was soon made visible in the disputation against scholastic theology: here the opening theses showed the intention to defend Augustinian theology. The following theses indicated repeatedly that the real object of attack was that form of scholastic theology which Luther had encountered himself in Erfurt: via moderna, especially in the form adopted by Gabriel Biel in following Ockham's footsteps. The theological options which were here pitted against one another still represented different manifestations within the late medieval spectrum. Regardless of the continuing dispute whether Luther did indeed nail his theses to the church door in Wittenberg, this is also valid for those theses against indulgences which Luther formulated on 31 October 1517, theologically derived above all from a more profound understanding of repentance based on mystical theology and directed against certain theological positions, but not against the Catholic Church of the late Middle Ages as a whole.

In the following years, the newfound theological insights were delineated ever more sharply, so that the conviction that man is dependent on God's grace, which was shared by a broad stream of medieval theology, increasingly accented the conviction already hinted at in Luther's early lectures, namely that if grace is the sole basis of salvation, then faith must correspondingly be the sole basis for its acquisition by Christians. Even if the sola fide already existed in medieval texts, for example by (6) Thomas Bradwardine, Luther nonetheless imparted a new emphatic form to it, inasmuch as the justification by grace alone and through faith alone led to a "normative centreing" of Luther's theology. In this connection all theological statements were to be derived from and assessed by this core belief. This meant that Luther's theology gained momentum from its internal development, which called the foundations of medieval soteriology and ecclesiology basically into question and thereby pressed for comprehensive reforms that were not restricted to individual grievances.

b. The Roman trial: Even before the consequences evolving from Luther's theology had become fully visible, the way in which the Roman trial was conducted contributed to a heightening of the confrontation. Silvester Prierias, the Italian theologian who was entrusted with the case, belonged to those who ruggedly defended papalism. As far as one can make out from the accompanying documents, his report must have focused on the question of papal authority as raised by the theses on indulgences, thus placing ecclesiology in the foreground, rather than issues of soteriology which occupied Luther's primary interest. This line of argument pursued by those involved in the Roman trial continued to influence the subsequent stages of the case, for example the (7) hearings with Cardinal Cajetan on the occasion of the Imperial Diet of Augsburg in 1518, during which the question of the relationship between the authority of the Pope – and thus the Church – and that of the Bible was raised, leading Cajetan to the remark that Luther wanted to build a new church. This question became increasingly controversial in 1519 at the (8) Leipzig disputation, during which Johannes Eck provoked Martin Luther to make statements that questioned not only the authority of the Pope, but also of the General Council as supreme authority of the Church as a whole, in contrast to the authority of Holy Scripture. Luther declared that conciliar decisions were not infallible and indeed factually erroneous in non-faith matters, thus calling into question the possibility that ecclesiastical authorities could make decisions on questions of truth going beyond the Bible. Thus the principle of sola scriptura was clearly stated in Wittenberg, as could be seen in Melanchthon's (9) baccalaureate theses of September 9, 1519. During the same period Luther broke inwardly with the papal church; he now began to regard its head as the Antichrist, originally and still cautiously in December 1518, because in accordance with Prierias' depiction the Pope apparently placed himself above the Scriptures.

c. Public debate: The Leipzig Disputation (1519) had repercussions which went well beyond the Wittenberg context. Just as the (10) Heidelberg Disputation of 1518 had already received great attention in the Upper German area, the Leipzig Disputation sent out a signal that was also registered by Huldrych Zwingli in Zurich, who for his part had begun to preach reform sermons immediately upon taking office at the Grossmünster on 1 January 1519 and now felt himself vindicated by Martin Luther's actions and successes. As a result, in the Southwest, primarily in the imperial cities, a new and particular form of Reformation theology arose which had its roots mainly in humanism, but in Zwingli's case also in Scotism, and did not just imitate Luther, but learned a great deal from him, being encouraged above all to take decisive action.

The clarification of the fronts led to the need to develop a clear formulation of the Reformation programme. The transformation of medieval thinking, which Luther had brought about, now gained a marked character, abandoning the former ecclesiastical consensus and with it those polarities within a common Church that had still been tangible in the 15th century. Luther sketched out the contours of a possible reformation programme in 1520 in his so-called major writings of reformation. His appeal to (11) "the Christian Nobility of the German Nation" called for a reform which would surmount those "Roman walls" which in Luther's opinion consolidated the inability to reform the medieval church. Thus Luther turned away from the path he had trodden in his theses against indulgences, namely a reform of the Church with the aid of the medieval church hierarchy. In (12) "On the Babylonian Captivity of the Church", his criticism of the medieval doctrine of the sacraments was so extreme that it was clearly detached from the context of the mediation of salvation that had existed up to then. In recourse to, and reshaping of, the Augustinian sacramental understanding, Luther developed criteria connecting a word of promise with an external sign; this could only be applied to Baptism and the Lord's Supper, and to some extent to Confession, thus establishing a new understanding that could not be reconciled with the existing teaching anymore. "On the Freedom of a Christian" represented a last attempt to solicit papal recognition, but since it depicted the message of justification in its significance for the normative centreing of faith, it also went beyond the prevailing valid framework.

At the time when this work was produced, the bull threatening excommunication had already arrived in Wittenberg. Luther not only refused to recant as required, but even threw the bull threatening his excommunication into a fire in which students were burning scholastic and canonical textbooks. This was a clear symbolic gesture demonstrating the break between his views and previous church teaching and practice. The implementation of the excommunication in 1521 was thus consistent with the legal process, regardless of its theological and canonical evaluation in modern times. The next step as well, the Edict of Worms, was consistent, given the legal system of that time, even if special agreements led to the Emperor allowing Martin Luther to be heard at the Diet of Worms before its enactment. The reason why the case was not restricted to individual breaches of law or excommunication respectively was that more and more political authorities were now drawing conclusions from Luther's Reformation doctrines and moving towards a transformation of church and society. In this way different motives merged. Those who were interested in the consolidation of leadership apart from any theological considerations now saw the implementation of their plans reinforced by a theological conviction, namely that the concept of the universal priesthood of all the baptised, propagated in the appeal to the "Christian Nobility", could substantiate such action. Thus ahistorical innovation on the intellectual level – theology based on the message of justification – developed into a historical innovation affecting politics and society.

d. Social formation: The social implementation of the Reformation started in the cities, especially the imperial cities, and spread out increasingly to rural areas. The fact that the social demands culminated here in the so-called Peasants' War, leading to the outbreak of violence which was inacceptable to Luther and the main stream of the Reformation, reinforced the position of the authorities. From 1526, after the First Diet of Speyer, the imperial territories became supporters of the Reformation as well. The late medieval inclination to strengthen the lay element joined with the forces of decentralisation and gained new strength from Reformation theology. The doctrine of universal priesthood, which Luther derived from the Scriptures and their central message of justification, provided a basis for allowing laymen to act in church organisation – and thereby accept breaches of existing church law. The (13) First Zurich Disputation in 1523 constituted a public event at which a municipal council claimed to decide whether the preaching practice of Zwingli and his companions was legitimate. Even though the Bishop of Constance, who was responsible, had been invited to the meeting and also sent an envoy, he was not accepted as the decisive instance. The Zurich disputation was the model for many other reformations in cities, where disputations were used over and over again as a means to help establish the Reformation message. Apart from a few exceptions such as Nuremberg, these reformations in the imperial cities were theologically not entirely in line with Wittenberg, but diverged in certain points, especially on the question of images or in the doctrine of the Lord's Supper – controversies which led in the 1520s to the dispute between Zwingli and Luther and the failed (14) Marburg Colloquy. It was, then, notably in these cities that the roots of what later became a separate Reformed confession developed. For example, it may be observed that Jean Calvin spent the years of his exile from Geneva in Strasbourg, and his second, decisive Geneva phase clearly bore the stamp of his formative experiences in that city.

Political standards continued to gain precedence over canonical considerations after the Edict of the Diet of Speyer (1526) which declared that "every State shall so live, rule, and believe as it may hope and trust to answer before God and his imperial Majesty". Saxony and Hesse interpreted this text in the sense that they were entitled to put through reformatory measures. This entailed interventions in the church's personnel, legal system and economy which signified de facto the separation from the former church.

Theologically, this was justified by endowing the princes for this purpose with the office of "emergency bishop", an idea that was developed by Luther and then increasingly by Melanchthon. From the Reformed point of view the diocesan bishops, to whom Luther had appealed in his indulgence theses in 1517, had failed, so it was now the duty of the *praecipua membra* (outstanding members) of the church to take over the organisational tasks and to regulate the ecclesiastical concerns, at least in outward respects. The preeminent instrument for this purpose were the visitations, now conducted by rulers instead of the diocesan bishops. It was in this context that Luther produced his Small and Large Catechisms, which expounded Protestant faith on the basis of traditional catechism material: the Ten Commandments, the Creed and the Lord's Prayer; the use of these texts in the classroom shaped the Protestant confessional culture for centuries.

2.3 The efforts to reach agreement

In connection with the Diet of Augsburg in 1530 the Protestant side attempted to express its own self-understanding in such a way that it should be acceptable to the opponents; such were the expectations of the authors of the (15) Augsburg Confession (CA). In particular, the understanding of the Church as it was unfolded in CA VII contained an offer of understanding, inasmuch as the Protestant side named the pure preaching of the gospel and the right administration of the sacraments as distinctive characteristics of true ecclesiality, and did not consider uniformity of ecclesiastical rites to be obligatory. Of course, in its historical effect this highlighted the very questions which in fact identified denominational differences as to the content of the preaching of the gospel and the use of the sacraments. Both these concerns formed for the Protestants the basis for the significance of the ministry, which had the task of preaching the Gospel and administering the sacraments. Correspondingly, Article XIV emphasised the need for the ordained ministry of the Church and also clearly underlined the proper and legitimate calling, as was then soon to be practised at ordinations in Wittenberg. Article XXVIII reflects the struggle for difference and unity in the understanding of the episcopal ministry, given that in the meantime it had been deemed necessary that ruler stake over responsibility for church administration; this Article not only requires that the bishops' authority be restricted to spiritual affairs, but also suggests a return to an appropriately reformed episcopality. This was more than a situational concession, as is demonstrated by various developments within the emerging Protestant Church. Thus the new ministry of Superintendent, linguistically connected to the translation of the Greek ἐπίσκοπος, followed a corresponding understanding of the episcopate, clarifying what it would mean if a bishop concentrated on spiritual tasks. In the 1540s, Protestant ministers actually officiated for a time in former bishoprics: Nikolaus von Amsdorff in Naumburg and Georg von Anhalt in Merseburg.

But as a result of the Schmalkaldic War this led to failure, as did the Protestant concept of unity in terms of imperial law, when in 1530 the Augsburg Confession was contradicted theologically by the Confutation and finally rejected by the imperial decree of the Emperor. Nonetheless, in theological terms this concept remains the formative model of Protestant catholicity for the Protestant understanding of ecumenism down to the present day and enjoyed wide-ranging attention during the efforts towards ecumenical understanding on the occasion of the anniversary of the Confessio Augustana in 1980.

In the course of the history of the Reformation during the 16[th]century, however, opposing blocks first came into being. In the early forties, Emperor Charles V tried to bring about new agreement with (16) colloquies in Hagenau (June / July 1540), Worms (November 1540-January 1541) and Regensburg (April / May 1541). The representatives on both sides showed their willingness to compromise, and in the Regensburg Book even reached agreement on the doctrine of justification, in which the imputation of righteousness by faith was distinguished from its effectiveness through love. But in the end both sides found that this compromise was not viable, and after armed conflicts the (17) Peace of Augsburg of 1555 found a solution for the Empire by obliging the Roman Catholic Church and the adherents of the Augsburg Confession to agree to mutual peace, ultimately to mutual toleration, and to leave the decision about the faith of the population of a territory in the hands of their sovereign.

2.4 The emergence of the modern confessional churches

The consolidation of the schism in the empire had multiple political reasons, which in turn represented de facto political and legal implementation of the new theology. They led to a determination of a new basis of the different emerging churches, which varied according to the denomination.

The guiding procedure for the Roman Catholic Church was the General Council in the tradition of early church and medieval settlement mechanisms. For a long time Rome was deaf to the demands for a council that had been presented by supporters and opponents of Luther since the outbreak of the Reformation, but finally the council was opened in Trent in 1545. It continued, with lengthy interruptions, in three periods until 1563. The (18) Council of Trent dealt with the questions that had been brought up by the Reformers –in particular scripture and tradition, the canon of biblical books, original sin, justification, the doctrine of Eucharist and the sacraments, indulgences and the veneration of images and saints. It countered the Reformation positions with doctrines which for their part constituted specific clarifications of biblical, patristic and medieval positions in this context. At the same time the council issued important reform decrees in response to basic concerns of the late medieval and Reformation criticism. Above all, it stipulated the residence requirement for bishops and priests, forbade the accumulation of benefices and determined that diocesan and provincial synods be held regularly. The bishops were obliged to conduct regular visitations of their dioceses, to found seminaries for the training of priests and to supervise the life and behaviour of their clergy, whilst the priests were ordered to preach on all Sundays and public holidays. Marriage ceremonies were from now on to be conducted publicly by the competent minister (or his deputy) and the mutual vows witnessed by two persons.

For the Catholic Church, the Council initially signified a dogmatic response defending its doctrine against the challenges of the Reformers, thus bringing self-assurance and determination of the

Catholic position. At the same time it brought an important reform impulse for the renewal of the Church, which indeed was broader and originally older than the Council (and the Reformation itself), but now began to unfold its full potential. As a result, the Council of Trent significantly shaped the form of the Catholic Church for centuries until the Second Vatican Council. Since the process of denominational formation was already far advanced in the Lutheran and Reformed sphere of influence at the time of the Council, there were no more joint negotiations in Trent for various reasons, but rather dogmatic demarcations in the faith issues raised by the Reformers. However, it was only in the course of their reception that the decisions of the Council helped to fortify confessionalisation. Nevertheless, in spite of its ecclesiology and its self-understanding, the Catholic Church in fact had become a denominational church with Trent. This was expressed above all in the Tridentine Creed of 1564 (19) ("Professio fidei tridentina") based on the Council's decisions, which was henceforth to be spoken by all church workers and committed them to Catholic orthodoxy and obedience to the Pope, as well as the Roman Catechism of 1566, which gave priests and chaplains an overview of the Catholic doctrine and contributed significantly to the dissemination and popularisation of the conciliar teachings.

One important way in which Lutheranism determined its identity was by defining and collecting confessional writings – which also included the catechisms that have already been mentioned and especially the Augsburg Confession. An important impetus towards the formation of a separate confessional church was provided by the edict of the (20) Augsburg Interim in 1548, which only made very limited concessions to the Protestants – just the clergy's right to marry and the communion in both kinds – and raised the question of what essentially belongs to the Protestant Church and what is simply indifferent (as adiaphora). Even after the lifting of the Interim and the Peace of Augsburg in 1555, the following decades were also marked by the efforts to find a definition of Lutheranism, eventually leading to a preliminary conclusion of denominational formation by the Formula of Concord (1577) and the Book of Concord (1580). In this way Lutheranism had documents which allowed the basis of its own identity to be determined. As a "norma normata" (determined standard) they were regarded as a consequence of the Holy Scripture, the "norma normans" (determining standard) and decisive yardstick. This also includes early Church creeds common to the whole of Christianity.

In connection with the positive definition of Lutheranism, it became clear how it was differentiated from others, including the emerging Reformed confession. In the shadow of the Augsburg Interim the reformers in Zurich and Geneva had already agreed to a common understanding of the Lord's Supper in 1549 with the Consensus Tigurinus. Calvin always set great store on his opinion that he was in accordance with Martin Luther's intention. But this claim was rejected by the Lutheran side in the eucharistic controversy initiated by Joachim Westphal, thus denying that the Reformed Christians belonged to a common denomination. From a legal point of view they were also excluded from imperial protection, since they did not belong to the denominational family of the Augsburg Confession. Just as it had been at the beginning of the Reformation as a whole, there was a combination of self-determining forces and external mechanisms of distinction, so that a separate Reformed denomination came into existence. Its protagonists were united by their efforts to continue the reformation of the Church even more consistently and effectively. Nevertheless, in the various regions characteristic features developed which suggest the distinction between Zwinglian, Calvinist and Melanchthon-(21) Reformed churches. It was the last-named which strongly influenced the developments in Germany with the Church Order of the Electoral Palatinate and the Heidelberg Catechism (1563) and later spread across the world with the catechism. Calvin's thinking gained its reputation in Western Europe thanks to the "Confession de Foy" (1559), the Confessio Scotica (1560) and the Emden church order (1571), which corresponded to the impact made in Central Eastern Europe by the confessions of Erlauthal(1562) and Debrecen (1567). Such plurality of confessions remained characteristic for Reformed Protestantism. The international fellowship manifested itself only occasionally on conciliar level, for example at the Synod of Dordrecht in 1618/9, which formulated a prominent doctrinal decision on predestination (in no way accepted by all Reformed churches). The framework of Reformed Protestantism, according to its own understanding, consisted of a fellowship that was exclusively bound to Scripture; the continuing perspective of constantly updated confessions of faith made the Reformed churches more flexible than the Roman Catholic and Lutheran denominations with their firmly established conciliar and confessional documents.

With these developments, the Latin Church of the Middle Ages, which was riddled with polarities and tensions, but ultimately constituted as a common Corpus christianum, was transformed into denominational churches existing alongside one another, a new phenomenon for Europe. Apart from the development of the Roman

Catholic, Lutheran and Reformed churches already described, the Anglican Church was also founded, originally because the English king wanted to make the church in his country independent from papal supremacy. But from the middle of the century the Anglican Church increasingly adopted the theology of the reformed tradition, albeit retaining the traditional medieval clerical hierarchy. Outside the sphere of the major confessional churches, Christian fellowships came into being which originated from the anabaptist and spiritualist movements and later formed the basis for the significant international development of the Free Church type. Historically, the heritage of the Reformation era consisted of churches which existed alongside and in opposition to one another, each claiming in a particular way to proclaim the one Christian truth in the only valid manner. Thus they entered into competition, denying each other not only the fullness of knowledge, but also the fullness of salvation.

3. Systematic perspectives

3.1 Reformation as a theological category

The Reformation of the 16th century can be seen from different angles. Although the Reformation movements of that era focused principally and decisively on the renewal of a church in need of reform, the Reformation and the epochal upheaval it caused also had enormous political, social and cultural consequences. These were crucial for the history of Europe in the 16th and 17th centuries and are visible down to the present day. When speaking of the significance of the Reformation, they cannot be ignored.

However, if the Reformation and its effects are to be seen from an ecumenical perspective, the primary focus of interest must be on its significance for the past, present and future of Christianity. One is confronted with the painful fact that the Reformation brought a parting of the ways to Western Christendom. Although Luther, Zwingli and Calvin had not intended to split the Church and originally aimed at the renewal of the *one* Catholic Church to which they belonged, nonetheless church unity was lost, partly under dramatic circumstances, accompanied by mutual condemnations and confessional differentiations that were experienced and suffered as unreconciled diversity for several centuries.

Here the emergence of the ecumenical movement in the 20th century has led to encouraging rapprochement. It formed an important prerequisite in order that encounters between Christians and churches of differing denominations can take place with mutual respect. This now puts them in a position to put questions and seek clarification jointly on the meaning of the Reformation for their future course and for their steps to the unity of the Church of Jesus Christ.

Such consideration of the Reformation in ecumenical responsibility will start out from the Reformers' intention, which was not to leave the Christian Church, but to renew it in the spirit of the Gospel. The reformatory momentum which initiated and drove the Reformation must also be sought precisely in the understanding of the Church; for this reason one should concentrate on its consideration as a *theological* category and reflect upon it ecclesiologically.

By following this course, the Reformation is revealed as a series of propositions aiming to serve the Church's commitment to Christ: the Church that has become alienated from Christ should reach the state in which it finds its cause and origin entirely in Jesus Christ. So the old Protestant reflection of the meaning of Reformation attached great importance to the restoration of the integrity of the Church: (22) "Est autem reformatio ecclesiae a debita perfection deflexae a vitiis repurgatio, et ad genuinam formam revocatio" – "But reformation is the cleansing of the church, which has deviated from the perfection it owes, from its errors and the return to its true shape." (Quantzius, Breves Aphorismi VD 17). Reformation is here understood as changing direction, even repentance: the Church, which is always tempted to diverge or fall away from its genuine form and its authenticity as the Church of Jesus Christ, is supposed to be led back to its origins by reformatory action and to recover its lost authenticity in its source and origin, Jesus Christ.

3.2 The attributes of the Church as the criteria for its renewal

But what is the real form of the Church? First, it is natural to seek the *genuina forma ecclesiae* (the original form of the church) in the Early Church, whose form is then to be the yardstick of every church which can be experienced. Thus church renewal movements have frequently invoked the original, apostolic situation and used this as the basis of their criticism of the state of the church in their own time. In their criticism of the church the Reformers also orientated themselves to the ecclesiological ideas of the New Testament and tried to derive the principles of renewal from this source. This retrospective view is certainly important. But it is not sufficient: first of all it assumes that this original aspect has been clearly defined, but at the same time it regards it in isolation, ignoring the experiences, changes and new tasks which have emerged during the course of history and to which the Church has been exposed.

Thus, the Church cannot be restored to its genuine form by formally reproducing the Church of the apostolic age. The Reformers recognised that, too. Already they regarded the original form not as a category of historical fact, but of *present* impact. The origin of the Church is the Christ event, which in each case is realised *anew* in continuity with the Early Church and whose presence is manifested to specific people at a specific time in word and sacrament. The *genuina forma ecclesiae* is not to be created by reproducing the Early Church, devoid of all historical trappings. It is made visible when the Church can appear authentically as the body of Christ in the prevailing concrete historical situation and is capable of dealing critically with the obstacles standing in the way of such appearance.

The *genuina forma ecclesiae* of the body of Christ is manifested clearly and unambiguously in the essential attributes of the Church: unity, holiness, catholicity and apostolicity. These essential attributes refer in each case to Jesus Christ as the origin and foundation of the Church, who is not at the disposal of mankind. Whatever form the Church takes, it should represent the expression of the one, holy, catholic and apostolic Church. Experience teaches that in the empirical existence of historical churches this is repeatedly understood and realised differently.

Under historical conditions, unity and catholicity are not experienced in such a way as to affect the common life and fellowship of Christians. The unity of the Church is threatened when it loses sight of the fellowship imparted by Christ and gives priority to particular self-interests. Whenever there is insistence on denominational, national, ethnic, social, cultural and gender-related differences, the Church is adversely affected. The catholicity of the Church is threatened wherever legitimate differences are stifled by uniformity or groups are inappropriately excluded. Apostolicity is encumbered when the Church distances itself from, or even contradicts, the original practice of witness in the apostolic tradition. The attribute of holiness constantly commits the historically existing Church to an analysis of its failings.

Especially consideration of the attribute of holiness leads to the recognition that Christians and churches are always called to repentance. According to the study of ecclesiology published by the Community of Protestant Churches in Europe (CPCE), the Church is holy (23) "in so far as God has overcome the power of sin in Jesus

Christ, sanctifies people in the Holy Spirit by the assurance of forgiveness and thus gathers them together to be the community of saints" (The Church of Jesus Christ, p 11). Holiness is "a gift of God to the church as a community of justified sinners" (Ibid., p 11)[1]. Therefore it is appropriate to understand that Reformation is at heart a movement of the Church to return to Jesus Christ as Lord. Theologically, Reformation must be understood as a process that intends to make the Church recognisable as clearly and authentically as possible as the Church of Jesus Christ. Therefore all actions for the renewal of the Church are reformatory, in which the unity, holiness, catholicity and apostolicity of the Church have a shaping influence and are given new radiance.

A modern example of such a repentance movement in the history of Protestant Christianity is the Barmen Declaration of 1934, in which the Synod of the Confessing Church in Germany sought for a radical return to the origin of the Church in a situation of extreme ecclesiastical self-alienation – a return to Jesus Christ as the one Word of God, (24) "which we have to hear and which we have to trust and obey in life and in death" (Barmen I).

3.3 Ecclesia est semper reformanda et purificanda
("The Church must always be reformed and purified")

The true nature of the Church is not at the disposal of mankind. It is repeatedly obscured by the fallibility of human action. But it can be testified credibly by the orientation of human activity to Jesus Christ. So the question the Church is called upon to answer is: does the Church as it is experienced conform to its true being as the *una sancta ecclesia catholica et apostolica* ("one holy, catholic and apostolic church") and base all its manifestations upon that commitment? This question should never cease to be posed. In order to make this clear, the phrase *"ecclesia est semper reformanda"* arose in the Reformation churches in the mid-20th century. The Second Vatican Council expressed this idea in similar, not unrelated words: "Ecclesia [...]sancta simul et semper purificanda, poenitentiam et renovationem continuo prosequitur. " ("... the Church [...] at the same time holy and always in need of being purified, always follows the way of penance and renewal." [Lumen Gentium 8]).The genesis of the text allows one to assume that this is a reference to *ecclesia semper reformanda* and the Reformation churches. The momentum

---

[1] Source: http://www.reformiert-online.net/agora2/docs/309.pdf

of the Second Vatican Council is supported by the recognition that the Church of Christ is "summoned to continual reformation" ("Ecclesia in via peregrinans vocatur a Christo ad hanc perennem reformationem [...]" [Unitatis Redintegratio 6]).

The renewal of the Church through the spirit of the gospel is no longer specific to the churches of the Reformation by far. Christ's call to "continual reformation" is not restricted to denominational limits. The separated churches are bound together in jointly listening to Christ's call. Therefore, we can nowadays see ecumenical openness and ecumenical fellowship as exemplary and outstanding traits of the Reformation. All striving towards ecumenical understanding and ecumenical progress is commitment to this aim – to make unity, holiness, catholicity and apostolicity of the Church basic experiences which are common to all denominations and enable divided Christendom to find fellowship and follow the path towards unity.

The *ecclesia est semper reformanda et purificanda* implies both: the momentum of the Reformation and the momentum of reform. The two words are very similar and have been used interchangeably in the course of time. Nonetheless one should distinguish between Reformation and reform. Reformation aims to shape the essential attributes of the Church and thus renew it. Reforms are aimed at renewing outward forms of church life – at changes in organisation, practice and structure. Reforms may tend to be pragmatic. But it is also true that reforms cannot be carried out without the teaching of Holy Scripture, without prayer or theology. In this way the essential attributes of the Church act as criteria for specific ecclesiastical formation. Therefore successful reforms rely on and are dependent upon vital Reformation stimuli.

3.4 Denominational specifics and convergences

It is now easy to reach an interdenominational consensus on the fundamental importance of the essential attributes of the Church for the understanding of the Reformation. It is generally acknowledged that the Church is founded in Jesus Christ and receives its authority and vitality from recourse to the Lord of the Church, and this position is not seriously challenged by anyone. The same applies to the insight that the essential attributes of the Church may be obscured by its behaviour, and that Church is therefore continually in need of renewal.

In the understanding of the essential attributes of the Church, however, denominational specifics emerge at certain points, which can then in turn imply certain divergences. Unity, holiness, catholicity and apostolicity of the Church are defined in different ways. What they mean "in concreto" is largely predetermined by the respective dominant ecclesiology. An interdenominational access to a common Christian theological concept of Reformation definitely requires convergences in the concept of Church.

Each ecclesiology is faced with the task of distinguishing between the foundation of the Church laid by God in Jesus Christ through the Holy Spirit and the historical form it has taken, thus placing both these aspects in relation to one another. God's revealed reality and the mediation of salvation by the Spirit of Jesus Christ are prerequisites for all church action, above all in the central events: proclamation of the word and administration of the sacraments. In worship the Church demonstrates the conviction grounded in Easter and Pentecost: word and sacrament witness to Jesus Christ, and he is able to witness to himself through the means of salvation in the power of the Holy Spirit, proving himself to be head of his congregation and all its members.

Jesus Christ is closely and intimately connected to his Church as the personal basis of action and preservation. A separation of the head and the members is ecclesiologically impossible. The crucified and risen One wants to be completely united with his Church in the divine Spirit through word and sacrament, in order to bring all its members into union with him and with one another through the bond of love. Our churches are in full agreement in this ecclesiological conviction as well. Differences only arise when trying to make a more precise definition of the relationship between Christ and the Church and with regard to the significance attached in this respect to the ministries in the Church and their formal structures.

The churches of the Reformation particularly emphasise that the Church should not overshadow the founding action of the triune God in their self-understanding and -representation: "Ecclesia enim nascitur verbo promissionis per fidem [...] Verbum Dei enim supra Ecclesiam est incomparabiliter, in quo nihil statuere, ordinare, facere, sed tantum statui, ordinari, fieri habet tanquam creatura. Quis enim suum parentem gignit?" (The Church is born of the word of promise through faith [...]. The word of God is incomparably above the Church, and her part is not to establish, ordain, or make anything in it, but only to be established, ordained, and made, as a creature. What man begets his own parent? WA 6, 560, line 33-561, line 1). The sovereign event which precedes all human action and reaction and makes the Church a Church is the justifying, liberating action of God in Jesus Christ, which is witnessed in the preaching of the gospel and celebrated in baptism and communion.

The Catholic ecclesiology distinguishes between God's action and human action as well. But it stresses more strongly their correlation and links them together in the manifold witness of the Church, in her liturgical actions and her service to the world: "...the society structured with hierarchical organs and the Mystical Body of Christ are not to be considered as two realities, nor are the visible assembly and the spiritual community, nor the earthly Church and the Church enriched with heavenly things; rather they form one complex reality which coalesces from a divine and a human element. For this reason, by no weak analogy, it is compared to the mystery of the incarnate Word." (Lumen Gentium 8). Therefore, the Catholic Church emphasises the continuity of the Church's tradition with the apostolic origins (Dei Verbum 8), but also recognises that this is endangered (Lumen Gentium 8, Unitatis Redintegratio 4. 6), and considers sustainment in the truth and the growth of the body of Christ to be a gift of the Holy Spirit (cf. Lumen Gentium, 8 and 12).

The Protestant understanding of reformation finds its decisive yardstick, apart from sola scriptura, in those *particulae exclusivae* which describe the event of justification: *solus* Christus, *solo* verbo, *sola* gratia, *sola* fide. These are to grant God's exclusive act of salvation the space to which it is entitled and which is indispensable for human salvation. The Reformation is based on *solus Christus* in fullness and leads to Him. The *solus Christus* is explicated and substantiated in different directions: the believer receives *sola gratia* justification *solo verbo*, whilst he can find refuge and acceptance *sola fide* with the God who declares him righteous. The *sola scriptura* offers the hermeneutic rule for adequate and clear knowledge of the *solus Christus* as well as the *sola gratia* and the *sola fide*.

Today, there is agreement between Catholics and Protestants with regard to the positive expression of these *particulae exclusivae* and their soteriological meaning: (25) "By grace alone, in faith in Christ's saving work and not because of any merit on our part, we are accepted by God and receive the Holy Spirit, who renews our hearts while equipping and calling us to good works."(JDDJ 15).

Against this background, the article of justification proves to be a key criterion for the understanding of the church, playing the leading role over all other criteria according to Protestant understanding: (26) "The 'doctrine of justification' thus becomes a critical yardstick which at all times must prove whether a particular interpretation of our relationship to God may be called 'Christian'. It is also the yardstick for the church, which at all times must ensure that her preaching and practice correspond to the teaching of her Lord." ("Lehrverurteilungen – kirchentrennend?" [Condemnations of the Reformation Era: Do they still divide?] I, 75, lines 26 - 31)

Regarding the prominent position of the article of justification, there has been remarkable progress towards rapprochement in the meantime. Thus the "Joint Declaration on the Doctrine of Justification" sees this doctrine as "an indispensable criterion which constantly serves to orient all the teaching and practice of our churches to Christ" (JDDJ 18). Although Catholics unlike Lutherans "see themselves as bound by several criteria, they do not deny the special function of the message of justification" (JDDJ 18). For the ecumenical clarification of the meaning of Reformation today, this progress is not to be underestimated.

The paths of Western Christendom, which diverged in the 16th century, have converged, touched and connected to one another over the past century in a hopeful manner. The denominational polyphony of Christian witness and service in the present day world may be seen as an expression of the diverse gifts in the one body of Christ, as long as they do not contain mutual condemnation or fundamental criticism. One may hope and seek to ensure that the brotherhood of the different churches and congregations in the *one* Church of Jesus Christ that has already been reached may lead more and more clearly to visible unity.

4. Ecumenical challenges

4.1 Perceptions

4.1.1 Denominational plurality

From an ecumenical perspective, it is necessary for the whole of Christianity to discuss the concerns of the Reformation. In the aftermath of the 16th century, a variety of denominational traditions with complex internal relations has come into being. Within the Reformation churches new fellowships have been formed. The unprecedented process of differentiation within Christianity initiated by the Reformation has still not come to an end. This process did not always take place peacefully. All churches together look back with shame at the violence they practised in their history.

A striking difference between the 16th century and the present day is that now the relationship between the Protestant churches and the Roman Catholic Church is no longer just a European issue. The denominational characteristics differ greatly from one part of the world to another. In some regions denominational milieus remained unchanged over long periods. Refugees, migrants and people who have found work abroad have led to denominational, even religious diversity in many regions. It is uncertain how today's increased mobility will affect the denominational milieus that still exist. It has been predicted that there will be a growing pluralisation of living conditions for Christians and churches in the whole world. The churches are jointly facing the question of whether the increasing religious pluralisation and individualisation will also lead to an increase in the secularisation of societies and a decrease in Christians' attachment to their churches, or whether pluralisation also offers an opportunity for a re-orientation in the common Christian faith.

Ecumenism also helps to learn how to balance majorities and minorities. In particular, the high membership and dominant presence of the Roman Catholic Church may tempt her to feel self-sufficient. The great popularity enjoyed by Pentecostal and Evangelical movements worldwide and the resulting changes occurring in the familiar denominational landscape are an irritation for the Roman Catholic Church in particular (but also for traditional Protestant churches).

Churches which only have marginal support in one region are frequently in the majority in other parts of the world. In some regions, for example in Eastern Germany, the Christian churches are altogether a minority in society as a whole. This applies globally to many societies. In such cases the issue of the quantitative relationship between the churches and the question of their co-operation are specially relevant and particularly urgent.

With regard to Europe, the Conference of European Churches (CEC) and the Council of European Bishops' Conferences (CCEE) signed the Charta Oecumenica in 2001, expressing their common commitment to respect the diversity of Christian traditions: (27) "We commit ourselves to overcome the feeling of self-sufficiency within each church, and to eliminate prejudices; to seek mutual encounters and to be available to help one another" (ChOe II.3). They also agree "to defend the rights of minorities and to help reduce misunderstandings and prejudices between majority and minority churches in our countries" (ChOe II.4).

In each case the majority is in danger of being content with denominational self-sufficiency. They often only have very limited knowledge of the history and theology of other churches. Religious socialisation in a Christian family, in a local church and at school usually takes place without any early ecumenical encounters. The long period of preparation for the anniversary of the Reformation in 2017 gives all members of the churches an opportunity to take a close look at the theological causes for the public theological debate about true Christian doctrine and practice that was sparked off in 1517. Educational work of this kind at this time could also help to avoid one-sided apportionment of blame and direct our attention to the future in mutual Christian responsibility for the proclamation of the gospel.

In the ecumenical movement, reflection on one's own religious identity goes hand in hand with the mutual willingness to put oneself in question and to be inspired by others. It is a challenge to perceive and appreciate the strengths of the various other church traditions and yet remain constructive in criticism. When people from different denominational backgrounds meet in a way that is significant and memorable for their lives, then they are sensitised for the ecumenical question and become interested in other churches. The real core of ecumenism can be found in families, villages and towns where Christians live together. Married couples and families where Protestants and Roman Catholics live together consciously as Christians are especially aware of denominational differences. In view of these Christians living in interdenominational marriages and families, but also in view of all their members, the churches are called to take on the common educational task of providing information about the Reformation and its consequences.

One successful example of dynamic interaction between the denominations since the Reformation has been the history of church music. This may be seen both in the significance of J.S. Bach and Mozart for all denominations, as well as in the fund of hymns which are now common to many churches. The history of the churches since the Reformation shows how special denominational forms were developed for good reason, whether in liturgy, theology, diaconal action or missionary witness. That is why comparative confessional studies are an important part of ecumenical education.

4.1.2 Open questions

In many consultation reports, church statements and ecumenical documents the search for "visible unity" of the church(es) is unanimously described as the ultimate goal of ecumenical efforts. Ever since it was founded in 1927, the "Movement for Faith and Order", which was joined by the Roman Catholic Church after the Second Vatican Council, has been following this aim. At the tenth General Assembly in Busan/South Korea in 2013, the World Council of Churches recalled this primary purpose of the ecumenical movement: "to call one another to visible unity in one faith and in one Eucharistic fellowship, expressed in worship and common life in Christ, through witness and service to the world and to advance towards that unity in order that the world may believe". What exactly is meant by the "visible unity" of the church(es)? How far-reaching must the approaches of the churches to a common, externally perceptible form of the Church be? How will the unity of the churches be visible and what will determine their form? It is unquestionable that in this context one must especially consider the liturgical form of worship services, the way in which the sacraments are celebrated and the ordering of ministries. It is obvious that in matters of the sacraments and ministries no ecumenical unity is evident yet, despite partial – and sometimes considerable – agreement. Some of the differences strongly affect the way churches see one another–for example, the reservation of the Eucharistic bread for the worship of Jesus Christ in this sacramental presence, or the ordination of women. There are positive and encouraging results in ecumenical dialogues regarding the subjects of worship, the sacraments and the church's ministry, although their reception in the teaching and practice of the churches has not been achieved in many areas.

In the Protestant tradition the distinction has often been made in recent years between the foundation and the form of the church, in order that the form of the church may be entirely determined by its foundation, whilst at the same time being able to comprehend the diversity of formations in the Church. This is an attempt to make Paul's biblical admonition ecclesiologically fruitful: "For no one can lay any foundation other than the one already laid, which is Jesus Christ." (1 Cor 3:11). The common reflection on the unity already given in Jesus Christ precedes the search for practical implementation of the visible unity of the Church. According to the Augsburg Confession, the Church is the "congregatio sanctorum" (the assembly of believers in worship), whose unity is visible in the proclamation of the Gospel and the administration of the sacraments. "And to the true unity of the Church it is enough to agree concerning the doctrine of the Gospel and the administration of the Sacraments" (CA 7). Such unity does not obviate the need to continue to work together critically: distinguishing between what is in accordance with the gospel in the life of the Church (that is to say, in its form), and what is contrary to it. Here the churches are all entrusted with the theological task of being constantly aware of the Gospel as a critical moment in their shaping and of making the voice of God heard on the institutional level at all times.

The "Joint Declaration on the Doctrine of Justification", that was signed at world level by the Lutheran World Federation and the Roman Catholic Church on 31 October 1999, refers to the "doctrine of justification" as "an indispensable criterion which constantly serves to orient all the teaching and practice of our churches to Christ" (JDDJ 18). A specification of this finding, which is closely connected with the history of the Reformation, is still to be defined in ecumenism.

4.2 Learning stories

Together, the Protestant churches and the Roman Catholic Church can look back on a history spanning centuries, during which enriching learning processes repeatedly occurred, especially in their divergent, contradictory evaluations of the Reformation. Measures taken to sharpen the denominational profile could also act as self-criticism, a stimulus for one's own correction. Sometimes a critical counterpart is helpful when confirming the grounds of one's own identity. In this sense the ecumenical movement as a whole may be understood as a continuous process of getting to know and finding one another over and over again, a dialectical process of delimitation and convergence, of self-determination and self-criticism.

4.2.1 Acceptance of Reformation insights in the Roman Catholic Church

Looking back at the way in which denominational tradition was formed, it often seems that the Reformation objections did not draw attention to entirely new aspects, which appeared at first to be incompatible with one's own position. It was rather so, that the clarifications demanded in that historical context were a reminder of old, proven convictions. Ecumenical encounters are an opportunity to find healing self-assurance in all denominational traditions. Long-forgotten insights gain new importance. Thus the Roman Catholic Church has taken up many concerns of Reformation theology in her doctrinal tradition and in shaping her life of faith. In this regard, one may first recall the heightened awareness to be found in the documents of the Second Vatican Council – certainly in the spirit of the Reformation – that in the sense of biblical tradition (cf. 1 Pet 2:9) all the baptized have a share in the common priesthood (cf. Sacrosanctum Concilium 14, 48; Lumen Gentium 9-10, 26, 34: Ad Gentes 15; Apostolicam Actuositatem 3). In the Constitution on the Sacred Liturgy there is reference to the rights and ministry of the *parish*, and the Liturgy of the Word is commended as an independent liturgical celebration that can be conducted by laymen. The liturgical movement in the 20th century was largely simultaneous in the Roman Catholic (even before the Second Vatican Council) and Protestant churches. Also with regard to the vernacular liturgy, Roman Catholic reform movements both before and after the Second Vatican Council adopted arguments taken from the Reformation tradition.

The Second Vatican Council has dealt with important theological concerns of the Reformation: in all the Council's constitutions, decrees and declarations priority is given to the christological focus of the argument. This is a reflection of the fact that since the 19th century Catholic theology has intensively received the Reformation doctrine of the threefold mission of Christ. Thus the Church Constitution emphasises that it is Christ, and not the Church, as had been written in the prepared documents, who is 'Lumen Gentium', i.e. the 'light of the nations' (cf. Lumen Gentium 1). As in the Protestant theology of the 20th century, the Second Vatican Council focused on the category of the Word of God in its papers. Accordingly, the Constitution on Divine Revelation adheres to the priority of Scripture over the ecclesiastical tradition: the "Sacred Scripture is the word of God", while sacred tradition (simply) hands it on (see Dei Verbum 9). In many questions of detail on the topic of "Scripture and Tradition", given the intense Roman Catholic reflections on this subject, ecumenical convergences were also able to be achieved in the last decades, which were reflected inter alia in the multi-volume study of the Ecumenical Working Group entitled "Verbindliches Zeugnis" (Binding Witness).

The Second Vatican Council has pointed out that it is precisely in view of the divisions "more difficult" for the Roman Catholic Church "to express in actual life her full catholicity in all her bearings" (Unitatis Redintegratio 4).Beyond the question of the features of institutional structure, the Second Vatican Council takes the position that from a personal, existential point of view catholicity can in practice only be realised in ecumenical fellowship. In the aftermath of the Reformation in the 16th century, the Roman Catholic Church shared the fruits of the Reformation resulting from concentration on the proclamation of the one Gospel. In this respect many individual phenomena should be described which were hardly mentioned up to now in historical research, either because the sources are uncertain or because there was simply no interest in examining this specific issue. Scientific studies on the influence of Reformation ideas on the concrete life in Roman Catholic parishes from the 16th century until today are missing. In particular, there is awareness of the changes in the practice of life in the Protestant churches (such as the abolition of compulsory celibacy in the ordained ministry) and in liturgical matters (such as the communion of all believers – including the laity – in the Eucharistic meal with bread and wine), which are seen to define the new denominational identity. It should be examined more closely, how the delimitation from Reformation issues brought about changes in the practice of life in the Roman Catholic Church. Even today, the question arises as to how one should deal appropriately with the impetus from the first phase of Reformation renewal, as well as from the phase of denominalisation with its mutual efforts to achieve profile.

4.2.2 Acceptance of Roman Catholic insights in the Protestant churches

In recent decades the Protestant churches have learned in many respects from the proven experience of other Christian traditions and modified their teaching and practice accordingly.

This applies in particular to the issue of the bearing of every ecclesiastical action on the churches of the world. For a long time in the Protestant churches, world-wide church was only represented by the Protestant missionary societies. Through the Ecumenical Movement and the dialogues with the Roman Catholic Church, the world-wide dimension of any church action is more relevant today in the Protestant churches than it was in the past. While the Roman Catholic Church tends to make important decisions for the world-wide fellowship in a centrally managed process, the many independent Protestant churches organise the universal dimensions of their ecclesial existence in cooperation, in global associations, forums and church fellowships or communions. It is increasingly important for the Protestant churches to make themselves jointly perceptible in the global context as *Protestants*. At the same time, stimulated particularly by ecumenical studies, the heritage of the Ancient Church and of the Medieval Church is today highly appreciated in Protestant churches and theology as an indispensable part of their own history.

After the publication of the encyclical (28) "Ut unum sint" in 1995, the theologically justified assumption that there could never be reconciliation between the confessions without agreement on the ministry of the Bishop of Rome prompted several Protestant theologians to respond to the request of John Paul II to enter into a fraternal dialogue with him on the future shape of this ministry. However, there is still no indication of how such an agreement might be reached in practice.

On the basis of the talks with the Roman Catholic Church, many Protestant churches have come to reconsider the relationship of the priesthood of all believers to the ordained ministry of the church and have come to a new appreciation of the lifelong commitment expressed by ordination. Nevertheless, the discussion between the churches, also among Protestant churches alone, about the forms of commission and the exercise of church authority by virtue of ordination is not yet complete. The document published by the CPCE on (29) "Ministry, Ordination, Episkopé and Theological Education" (2012) has recently furthered the discussion of the question of supra-regional episkopé. In various ways the Protestant churches are trying to respond to Roman Catholic, Orthodox and Anglican questions regarding the apostolic succession (which allegedly was not upheld in all cases during the Reformation) and the apostolicity of church ministries (both in the church as such and also in the communion of believers as a whole). However, the reception of the differentiated ecumenical arguments in international and national studies on the question of the apostolicity of ministry is a desideratum.

Protestant churches have adopted various suggestions from other churches in liturgy and spirituality (e.g. blessings, robes, Easter and Baptism candles).They have re-emphasised the importance of the sacraments as a mode of God's word.

4.2.3 Open questions

Despite the mutual suggestions, there are a number of issues in the two confessions which have not been received by the other side. Many of the ecumenical dialogues compare the Reformation impulses in the 16thcentury with the suggestions made today by Roman Catholic theology to its church. Doubtless one may recognise many similarities. Nevertheless, ecumenism cannot simply reconstruct the viewpoints of the 16thcentury and formulate convergences between the churches on this basis. On the contrary, developments in intellectual history and politics, in philosophy and culture, that have taken place since the 16th century must be considered in today's ecumenical search for convergences in theory and practice of the churches. It may be that the churches of Western Christendom were indeed closer to one another at the Diet of Augsburg in 1530 than they ever were again. The Counter-Reformation, the religious wars and the consolidation of the worldly rulers' authority over the church caused a denominational animosity such as was not intended at the outset. In addition, the cultural, intellectual and political conditions have changed dramatically over the centuries as a result of cultural and historical developments in Europe. The churches' response to these developments differed greatly from time to time. Nevertheless, the churches now have to deal jointly with secularisation and its consequences.

The current ecumenical situation is characterised by the fact that the confessions have dealt with the Enlightenment and modernity in different ways. The confrontation with contemporary philosophy, with the respective fundamental values in society and politics such as the division of powers, with synodal principles, freedom of conscience, gender equality, participation and so on differed concerning time as well as content. Since the 18th century at the latest, Protestant theology has actively sought the critical debate with modern philosophy and repeatedly tried to reformulate Protestant doctrine under the conditions of modernity. With the Second Vatican Council the Roman Catholic Church has received issues of modernity and the Enlightenment, in particular with regard to freedom of religion and conscience. This changes the ecumenical dialogue situation, which cannot merely deal with the investigation of the condemnations made in the 16th century. Therefore beyond the question of historical reconstruction, it seems important to perceive that ecumenical reflections cannot simply venture to form a bridge between the present day and the 16th century (and vice versa) without considering the developments in the intervening centuries. The aspects mentioned are particularly significant with regard to the visible forms of the churches. Thus the question is raised today, how churches should respond in their self-organization to the trends and values of modernity. Aspects such as the consistent division of powers, issues of participation and gender equality or of human rights are compelling both denominational traditions to further reflections.

4.3 Concretisations for future ecumenical practice

Since the 16th century the churches have repeatedly argued about their proper outward form, about correct forms of worship, the true ecclesiology and the appropriate constitution and organisation of the church. At the same time, there has been a high degree of willingness to act in ecumenical solidarity for many decades. One example is the simple fact that ecumenical worship services are a matter of course for many Christian congregations, and they naturally place their premises at the disposal of brothers and sisters from other denominations.

4.3.1 Meeting common challenges in society today

All the churches in Europe have a responsibility to bear credible witness to their confession of God in secular society and they are commonly challenged to conduct a dialogue with the secular world. During his visit to the Augustinian monastery in Erfurt, where Martin Luther worked in the early years of his career, Benedict XVI recalled his struggle for an image of God which would comfort troubled consciences. The question of God is indeed posed today under conditions which differ considerably from those of the 16th century, marked by old and new atheism, agnosticism and religious indifference. Nonetheless, the need to address this question jointly is no less urgent today. It is a thoroughly rewarding ecumenical task to bring together in dialogue the contours of the 16th century description of God and the present day issues. Nevertheless, the churches should resist the temptation to discuss this topical and crucial issue mainly on the basis of the theoretical deliberations and debates of past centuries and to present them in this way to the public. Rather, the churches and their theologies should deal jointly with the theories and cultural developments which are now topical and relevant to the question of God. This applies not least to the joint contributions of the churches on issues of ethics in social discourse, whereby differences and nuances in the favoured theories and principles for ethical judgment may well become apparent.

In the past and present the ecumenical movement is closely associated with the missionary concerns of the church(es). It is both path and goal of Christian mission to awaken and strengthen trust in the truth of the biblical witness. The Reformation has brought about a new appreciation of the Holy Scriptures throughout Christendom. The Bible was translated into national languages. Bible societies were founded. Today, almost all Christians can read the Scriptures themselves and make their own judgments about God's will for their own life in the world and the common life of the church. The churches are together once again faced with the task of making people (better) acquainted with the Gospel as delivered to them. The commemorative year 2017 may be an opportunity for the churches to promote the reading of Scripture intensively, both individually and in groups, and also to try to make a translation which is recognised by both sides.

Questions of faith and mission cannot be dealt with today without recourse to the diversity of religions. Especially in the last few decades, new insights have been gained by reflecting on the fact that the roots of Christianity lie in the witness of the people of Israel to God and in their lasting election. Particularly in Germany, Christians are committed to action by the history of mutual guilt. Willingness for reconciliation is always an attitude of voluntary responsibility, which is persuasive when founded in personal authenticity. In today's religious context, it is important not only to look at the (mono-)theistic religions. All religions and cultures in the history of mankind should be treated with respect, even if Christians are committed to witness to Jesus Christ as the light of the world and thus also to formulate the Christian faith as a religious alternative for the adherents of other religions. In the 16th century, pre-Reformation ideas were adopted which propagated a new openness towards the universality of all creatures, endowed by God with liberty, and this concept is of lasting importance in the dialogue between Christianity and other religions.

The Peasant Wars and the widespread social and political unrest in Europe in the 16th and 17th centuries make it clear how closely political and religious aspects were intertwined at that time. Today, the churches speak with one voice on many aspects concerning justice, peace and the integrity of creation. Common statements on social issues are published and are registered attentively as ecumenical contributions to social discourse. The Second Vatican Council has encouraged intensive efforts at cooperation in social areas (see Unitatis Redintegratio 12). It is an open question whether the professionally managed social work of Diakonie and Caritas should strive towards stronger cooperation at the institutional level in order to ease the burdens and increase efficiency. Diversity could indeed prove to be a source of enrichment in this field.

4.3.2 Continuation of the ecumenical dialogues

"Colloquies" were already held in the 16th century. Although these meetings did not lead to success, yet we should be grateful even today for the efforts made at that time. The controversial issues were taken very seriously – within the Reformation movement it was especially the doctrine of Holy Communion; church leaders representing different points of view were willing to hold discussions; the differing opinions were recorded in documents; and it became apparent that partiality leads to the formation of groups.

Nowadays ecumenical hermeneutics question whether the search for convergence should be limited to achieving agreement on the semantic content of church doctrines, or whether the respective doctrines should not be understood more pragmatically, that is to say, in the context of church practice. Against this background, the question has recently been raised anew, whether there are limits to consensus ecumenism, and even whether it should come to an end. At the same time, the publication of (30) "Harvesting the Fruits" by Cardinal Walter Kasper has shown the significant progress that has been achieved in working out convergences between the Roman Catholic Church, the Anglican Church, the Reformed churches and the Lutheran churches since 1967. The bilateral dialogues are complemented by the multilateral forum of the World Council of Churches. The churches – including the Roman Catholic Church – must jointly consider once again, whether and how they can and want to use this institution as a global forum in order to bear witness to their common faith in the triune God in the world.

Today it is obviously time to remember with gratitude the gifts that other denominations introduce to the people of God and have preserved also for one's own tradition.

The ecumenical dialogues, institutions and forums, which invest a great deal of human and financial resources, intend to help Christians from different churches to live together, enabling and inspiring them to worship the Triune God together. The mixed denominational marriages and families are the testing ground for ecumenism and for the respect shown by one church to the members of other churches. After all the efforts towards convergence in the past few decades, it seems increasingly unbearable that Protestant and Catholic Christians cannot celebrate the Eucharist together. Ecumenical discussions on this subject have made it clear that it is not a different understanding of the Eucharist which is preventing the joint celebration, but rather the differences in the understanding of churches and ministry – subject of controversy since the 16th

century – that are standing in the way. This very question of the possibilities for a common celebration of the Eucharist by Protestant and Catholic Christians sets the ecumenical task of reviewing the normativity of the present ecumenical practice. Ecumenism is not merely concerned with texts, but also with present-day practice.

4.4 Ecumenical challenges with regard to 2017

It is good that many ecumenical groups are working together on the commemoration of the Reformation. The Reformation originally did not intend to divide Western Christendom, but wanted to renew the whole Church in the spirit of the Gospel. Reflection on the Reformation strengthens ecumenism and ecumenical theology. It makes it clear that churches are there for each other and not against each other. Each church gains in profile by cooperating with other churches, not by combatting them.

After a shared history of 500 years of commemoration of the Reformation, the interpretations of this event are extremely diverse, precisely because it serves both as foundation and also as confirmation of one's own denominational identity. Dealing with historical events always involves both the remembrance of history and the recollection of identity. However true to the sources the reconstruction of historical events may be, it is necessary to ask whether and how far it serves also as an expression of the present-day denominational or ecumenical self-understanding – projected into the past. The interpretation and evaluation of the Reformation has always been subject to the risk of preserving stereotypes and prejudices and exploiting the event as a projection of contemporary or denominational interests. Especially the latter makes a common ecumenical assessment of the Reformation so difficult until today. The current, downright controversial theological dispute about differing interpretation and meaning may be identified in simple terminology. Is the Reformation anniversary in 2017 above all a cause for celebration, or should one not rather place the emphasis on self-critical recollection of the unintended consequences of Luther's attempt to renew the whole Church in the spirit of the Gospel, namely the division of Western Christianity?

From an ecumenical perspective, it is self-evident that neither the Protestant churches nor the Roman Catholic Church should be prevented from determining their basic attitude towards the memory of the Reformation in different ways. But that exonerates them neither from the task of seeking a common ecumenical interpretation and evaluation of this event also in the sense of a common appreciation of the Reformation, nor from placing the focus of the anniversary in 2017 on the joint tasks resulting from the common challenges and insights gained from their dialogues. Both aspects appear to be decisive in order to be able to celebrate 2017 together. However, there are different attitudes towards the Reformation in the churches, and different experiences were made with the consequences, and there is nothing wrong with that.

Such alternatives for discourse can often only be made to function on the basis of strict reductions. Thus it is appropriate to commemorate the Reformation in 2017 in a double-edged way: both with joyous celebration of the Reformation as well as with self-critical reflection. At the same time, both the Protestant and the Roman Catholic churches must look further than this alternative. Here it is helpful to take a look at the way the Reformation is commemorated by Christians in the southern hemisphere.

For Protestants and their churches in the southern hemisphere this commemoration serves first and foremost to make the spirit of the Reformation come alive in the present and to make it productive in the respective context. This means above all a consistent life according to Holy Scripture, worship services which give the believers inspiration and commitment, a diaconal and common parish life, mission to fellow humans and their environment, and a participatory church structure. The relation of the Christian faith to everyday life and its practical benefits are important. If the churches in Germany and Europe were to be stimulated by these viewpoints from the worldwide church, then they would be less inclined to regard the commemoration of the Reformation and its consequences as a historic event, but rather ask themselves and one another how they could use this spirit of Reformation to tackle tasks jointly in a largely secular world.

In the spirit of the Reformation, the churches work together in various ways on the question of what "proclamation of the Gospel" might mean in today's secular or religiously plural societies. From the very beginning – and this will be specially emphasised in 2017 – the Reformation placed Holy Scripture in the centre of church life and the life of individual Christians. It highlighted the category of the Gospel in soteriology: God's generous and free devotion to every person burdened and oppressed by many kinds of exigencies – also those imposed by the church. The Easter faith unites the denominations as they speak to all who experience suffering and sadness. The Reformation emphasised the eschatological character of the Church as a fellowship of salvation that is already living entirely in the presence of the triune God in its worship – and deduced that every Christian is freely committed to take on responsibility in the fellowship of salvation and to devote him-/herself in love to all the others. It is a particular challenge to the churches to make their ecumenical fellowship visible in witness, liturgy and charitable service in preparation for the anniversary of the Reformation.

The results of the ecumenical dialogues which are already available give sufficient reason for the Protestant and Roman Catholic churches to recognize each other explicitly as churches of Jesus Christ. The question as to how these churches relate to the "one holy, catholic and apostolic Church" to which they all profess to belong must be the subject of theological deliberations. For example, one would have to clarify whether it makes sense that each of the churches claims for itself to represent the one holy, catholic and apostolic Church better, more perfectly and in greater conformity to the Gospel than the other churches. However, it is also just as necessary to clarify whether the view that no church can fulfil the catholicity of the church without the other churches is helpful from an ecumenical perspective.

It is to be hoped that the church leaders will encourage their local congregations to hold ecumenical services together with the congregations of the other denominations as frequently as possible and to grant members of the other churches eucharistic hospitality on such occasions. It is important to keep on hoping for full eucharistic communion. It would be a sign of ecumenical solidarity if Christian congregations of all denominations were to hold ecumenical services locally on the anniversary of the Reformation on October 31, 2017.

The commemoration of the Reformation is an ecumenical event which is capable of deepening fellowship between the Protestant churches and the Roman Catholic Church. This can indicate that in the meantime the similarities between churches far outweigh the remaining differences, thanks to the intensive ecumenical work and the many ways in which churches cooperate. This fellowship can be strengthened by reflection on the tasks they can tackle today jointly in the spirit of the Reformation: proclaiming the Gospel; making the Scriptures clearly accessible to people as the book of life; letting all Christians take on responsibility for their neighbours, whether near or far, strengthening the common life of the churches in the political surroundings; and in all things praising the triune God as origin and goal of all life.

Literaturverzeichnis

Die literarischen Angaben sind beziffert nach der Reihenfolge aufgeführt, in der sie im gemeinsam verabschiedeten Dokument des Ökumenischen Arbeitskreises erscheinen.

(1) Reformatio Sigismundi: H. Koller (Hg.), MGH, Staatsschriften des späteren Mittelalters VI: Reformation Kaiser Siegmunds, Stuttgart 1964

(2) Martin Luther, Ablassthesen: WA 1, 229-238

(3) Martin Luther, Resolutiones zu den Ablassthesen: WA 1, 522-628

(4) Sacrosanctum Oecumenicum Concilium Vaticanum II. Constitutiones, decreta, declarationes, cura et studio secretariae generalis Concilii Oecumenici Vaticani II, Vaticano 1966 u.ö. (vgl. den lateinischen Text und die deutsche Übersetzung in: Lexikon für Theologie und Kirche, Ergänzungsbände I-III, Freiburg 1966-1968)

(5) Martin Luther, Quaestio de viribus et voluntate hominis sine gratia disputata: WA 1,142-151

(6) Thomae Bradwardini Archiepiscopi olim Cantuariensis, De Causa Dei, Contra Pelagium et De Virtute Causarum. Libri tres, London 1618 (Johannes Billius; Nachdruck Frankfurt 1964)

(7) Acta Augustana (Verhör von Martin Luther vor Kardinal Cajetan): WA 2, 1-26

(8) Leipziger Disputation: WA 59,427-605

(9) Melanchthon, Baccalaureatsthesen: Melanchthons Werke, hg. v. Robert Stupperich. Bd. 1: Reformatorische Schriften, Gütersloh 1951, 23-25

(10) Martin Luther, Heidelberger Disputation: WA 1,350-374

Literaturverzeichnis

(11) Martin Luther, Adelsschrift (An den christlichen Adel deutscher Nation): WA 6,381-469

(12) Martin Luther, De Captivitate Babylonica: WA 6,484-573

(13) Erste Züricher Disputation: E. Egli u.a. (Hg.), Huldreich Zwinglis Sämtliche Werke, Bd. 1, Berlin 1905, 442-569 (Corpus Reformatorum, Bd. 88)

(14) Marburger Religionsgespräch: WA 30/3, 92-171

(15) Lutherische Bekenntnisschriften: I. Dingel (Hg.), Die Bekenntnisschriften der evangelisch-lutherischen Kirche. Vollständige Neuedition, Göttingen 2014

(16) Religionsgespräche von Hagenau, Worms und Regensburg: K. Ganzer / K.-H. zur Mühlen (Hg.), Akten der deutschen Religionsgespräche im 16. Jahrhundert, 3 Bände in 6 Teilbänden, Göttingen 2000-2007

(17) Augsburger Religionsfrieden: K. Brandi (Hg.), Der Augsburger Religionsfriede vom 25. September 1555. Kritische Ausgabe des Textes mit den Entwürfen und der königlichen Deklaration, Göttingen ²1927

(18) Catechismus Romanus: P. Rodrigues (Hg.), Catechismus Romanus seu Catechismus ex decreto Concilii Tridentini, Vatikanstadt 1989

(19) Professio Fidei Tridentina: Denzinger / Hünermann (DH) 1862-1870

(20) Augsburger Interim: J. Mehlhausen (Hg.), Das Augsburger Interim von 1548, Neukirchen-Vluyn ²1996

(21) Reformierte Bekenntnisschriften: A. Mühling / P. Opitz (Hg.), Reformierte Bekenntnisschriften Opitz. 6 Teilbände bisher erschienen, Göttingen 2002-2012

(22) Hieronymus Quantzius, Breves et succincti de ecclesiarum particularium Reformatione quoad doctrinam et ritus aphorismi, additis nonnullis, Marburg 1606

Literaturverzeichnis

(23) Gemeinschaft Evangelischer Kirchen in Europa, Die Kirche Jesu Christi. Der reformatorische Beitrag zum ökumenischen Dialog über die kirchliche Einheit, hg. v. Michael Bünker, Leipzig 2012

(24) Barmer Theologische Erklärung: K. Immer (Hg.), Bekenntnissynode der deutschen evangelischen Kirche Barmen 1934. Vorträge und Entschließungen, Wuppertal - Barmen 1934

(25) Gemeinsame Erklärung zur Rechtfertigung: Gemeinsame Erklärung zur Rechtfertigungslehre des Lutherischen Weltbunds und der Katholischen Kirche: H. Meyer u.a. (Hg.), Dokumente wachsender Übereinstimmung, Bd. 3, Frankfurt / Paderborn 2003, 419-441

(26) Lehrverurteilungen – kirchentrennend?: K. Lehmann / W. Pannenberg (Hg.), Lehrverurteilungen – kirchentrennend?, I: Rechtfertigung, Sakramente und Amt im Zeitalter der Reformation und heute, Freiburg / Göttingen 1986 (Dialog der Kirchen, Bd. 4); K. Lehmann (Hg.), Lehrverurteilungen - kirchentrennend?, II: Materialien zu den Lehrverurteilungen und zur Theologie der Rechtfertigung, Freiburg / Göttingen 1989 (Dialog der Kirchen, Bd. 5); W. Pannenberg (Hg.), Lehrverurteilungen – kirchentrennend?, III: Materialien zur Lehre von den Sakramenten und zum kirchlichen Amt, Freiburg / Göttingen 1990 (Dialog der Kirchen, Bd. 6)

(27) Charta Oecumenica (2001): V. Ionita / S. Numico (Hg.), Charta Ocumenica: A Text, a Process and a Dream of the Churches, Genf 2003

(28) Johannes Paul II., Ut unum sint. De oecumenico officio (25. März 1995): Acta Apostolicae Sedis 87 (1995) 921-982; deutsch: Verlautbarungen des Apostolischen Stuhls, Nr. 121, Bonn o.J. (1995)

(29) Gemeinschaft Evangelischer Kirchen in Europa, Amt, Ordination, Episkopé: Amt, Ordination, Episkopé und theologische Ausbildung / Ministry, ordination, episkopé and theological education, hg. v. Michael Bünker, Leipzig 2013

(30) Walter Kasper, Die Früchte ernten. Grundlagen christlichen Glaubens im ökumenischen Dialog, Leipzig / Paderborn 2011

Ökumenischer Arbeitskreis evangelischer und katholischer Theologen

Mitglieder von evangelischer Seite

Bischof Prof. Dr. Martin Hein, Kassel (Vorsitzender)
Prof. Dr. Volker Leppin, Tübingen (Wissenschaftlicher Leiter)

Prof.in Dr. Christine Axt-Piscalar, Göttingen
Prof. Dr. Dr.h.c. Michael Beintker, Münster
Prof. Dr. Walter Dietz, Mainz
Dr. Bernhard Felmberg, Berlin (bis 2013)
Prof. Dr. Jörg Frey, Zürich (bis 2011)
Prof.in Dr. Katharina Greschat, Bochum
Prof. Dr. Christian Grethlein, Münster (bis 2012)
Prof. Dr. Hans-Peter Großhans, Münster
Vizepräsident Dr. Thies Gundlach, Hannover
Prof. Dr. Friedhelm Hartenstein, München
Prof. Dr. Wolf-Dieter Hauschild, Münster († 2010)
Prof. Dr. Mathias Konradt, Heidelberg (bis 2012)
Prof.in Dr. Corinna Körting, Hamburg
Prof. Dr. Dr.h.c. Ulrich Körtner, Wien
Prof. em. Dr. Ulrich Kühn, Leipzig († 2012)
Prof. Dr. Christof Landmesser, Tübingen
Prof. Dr. Dr.h.c.mult. Christoph Markschies, Berlin
Prof. Dr. Karl-Wilhelm Niebuhr, Jena
Prof.in Dr. Friederike Nüssel, Heidelberg
Kirchenpräsident Christian Schad, Speyer
Prof. Dr. Helmut Schwier, Heidelberg

Korrespondierende Mitglieder

Vizepräsident i.R. Dr. Dr.h.c. Hermann Barth, Hannover
Prof. em. DDr. Hans Helmut Eßer, Münster († 2011)
Prof. em. DDr. Martin Hengel DD. DD., Tübingen († 2009)
Prof. em. Dr. Alasdair I.C. Heron, Erlangen

Ökumenischer Arbeitskreis evangelischer und katholischer Theologen

Prof. em. Dr. Dr.h.c. Eberhard Jüngel DD. DD., Tübingen
Bischof em. Dr. Martin Kruse, Berlin
Bischof em. Prof. em. Dr. Dr.h.c. Eduard Lohse, Göttingen
Bischof em. Dr. Hartmut Löwe, Bonn
Prof. em. DDr. Harding Meyer, Lit. D. DD., Straßburg
Bischof em. Prof. em. Dr. Gerhard Müller DD., Erlangen / Braunschweig
Prof. em. Dr. Wolfhart Pannenberg DD. DD., München († 2014)
Prof. em. Dr. Dr.h.c. Hans-Christoph Schmidt-Lauber, Wien († 2009)
Prof. em. Dr. Dr.h.c. Gunther Wenz, München
Bischof em. Prof. em. Dr. Ulrich Wilckens, Kiel / Lübeck

Protokollantin:
Dr. Susanne Schuster, Tübingen

Mitglieder von katholischer Seite

Bischof DDr. Dr.h.c.mult. Karl Kardinal Lehmann, Mainz (Vorsitzender)
Prof.in Dr. Dorothea Sattler, Münster (Wissenschaftliche Leiterin)

Prof. em. Dr. Wolfgang Beinert, Regensburg
Prof. Dr. Franz-Xaver Bischof, München
Prof. Dr. Christoph Böttigheimer, Eichstätt
Weihbischof Prof. Dr. Karlheinz Diez, Fulda
Prof.in Dr. Eva-Maria Faber, Chur
Prof. Dr. Albert Gerhards, Bonn
Prof. em. Dr. Frank-Lothar Hossfeld, Bonn
Prof. Dr. Andreas Merkt, Regensburg
Prof. em. Dr. Vinzenz Pfnür, Münster († 2012)
Prof.in Dr. Johanna Rahner, Tübingen
Prof. Dr. Herbert Schlögel, Regensburg
Prof. Dr. Thomas Söding, Bochum
Prof. Dr. Michael Theobald, Tübingen
Prof. Dr. Wolfgang Thönissen, Paderborn
Prof. Dr. Eberhard Tiefensee, Erfurt
Prof. Dr. Peter Walter, Freiburg
Prof.in Dr. Myriam Wijlens, Erfurt

Ökumenischer Arbeitskreis evangelischer und katholischer Theologen

Korrespondierende Mitglieder

Bischof em. Präsident em. Prof. em. Dr. Dr.h.c.mult. Walter Kardinal Kasper, Rom
Prof. em. Dr. Dr.h.c.mult. Otto Hermann Pesch, Hamburg
Papst em. Benedikt XVI., Dr. Dr.h.c.mult. Joseph Ratzinger, Vatikan
Prof. em. Dr. Richard Schaeffler, Bochum
Bischof em. Prof. em. Dr. Dr.h.c. Paul-Werner Scheele, Würzburg
Prof. em. Dr. Theodor Schneider, Mainz
Prof. em. Dr. Heribert Smolinsky, Freiburg († 2012)
Prof. em. Dr. Dr.h.c. Lothar Ullrich, Erfurt († 2013)
Prof. em. Dr. Siegfried Wiedenhofer, Frankfurt

Ständiger Gast:
Msgr. Dr. Matthias Türk, Rom

Protokollant/innen:

Prof.in Dr. Johanna Rahner, Kassel (bis 2010)
Markus Zingel, Münster (ab 2011 bis 2013)
Christina Mentemeier, Münster (ab 2014)